人生で損しないお金の授業

島田雄左 著

はじめに

私は、司法書士として活動してきた約8年間で、借金や相続、不動産に関するご相談を数多く受けてきました。開業以来、事務所全体でお受けした件数を含めると、その数は延べ5万件以上です。さまざまな悩みを抱える方々を目の前にしながら、こんなにも多くの人が問題を抱えているのかと、驚かずにはいられませんでした。特に借金に関するご相談は、この本を執筆している2020年の7月時点で、毎月約1万件に上ります。

実は、個人の方が抱える借金問題は、任意整理、自己破産、個人再生などの「債務整理」を行うことによって、解決できるケースが数多くあります。しかし、それらの方法で目の前の借金問題を解決することができても、数年後に再び借入をはじめ頭を悩ませることになっては意味がありません。そして、そのような方々も、一定数いるのが現状です。つまり、債務整理がお金の問題を根本的に解決する手段にならないケースもあるということです。

では、そのような事態を防ぎ、お金に関する問題を根本的に解決するために必要なことは何でしょうか。私は、人々がお金に関する知識（リテラシー）を高めることだと思います。しかし、日本においては、私たちの生活と切っても切れない関係にあるこの「お金」について、十分に学ぶ機会が設けられているとはとてもいえません。この点は、日本の社会にとって大きな弊害を生んでいると感じます。そこで、本書では借金問題を解決する方法だけでなく、お金についての考え方、使い方、貯め方、増やし方についてご紹介していきます。

皆さまも、次のような疑問やお悩みをお持ちではありませんか？

・家計簿ってどうやってつけるの？
・リボ払いって何で危険なの？
・保険料を払いすぎてないかな？
・年金って本当にもらえるの？
・老後の資金っていくら必要なの？
・資産運用って危なくないの？

・税金の仕組みがよくわからない

このようなお金に関する問題は、日常の中にたくさん潜んでいます。なぜなら、私たちの生活がお金の話を抜きにしては成り立たないからです。しかし、私たちにとって、それほど重要なものであるにもかかわらず、お金について声高に語ることには「卑しい」「恥ずかしい」といったイメージがありませんか？　なぜ、このような捉え方をしてしまうのか、という点については私の専門ではありませんので、ここで論じることはしません。日本の文化として（あるいは他の国でも同様に）お金に対してそのようなイメージがあることは事実であり、本書ではそのイメージを少しでも覆し、お金について正しく学ぶきっかけになることを目指します。繰り返しますが、私は、お金に関するリテラシーを高めることが、お金について悩む方々を少しでも減らすことへ繋がると信じています。

第1章から第2章までは、債務整理に関する内容を記していますので、お金についての考え方から学びたいという方は、第3章から読んでいただくことをお勧めします。本書を手にとっていただいた皆さまの「お金リテラシー」の向上へ、少しでも役に立つことができれば幸いです。末筆ながら、本書の出版へ向けてご尽力いただいた皆さま、殊に税務経理協会の小林規明氏には、心から感謝いたします。ありがとうございました。

2020年8月

島田　雄左

目次

第2章

借金問題を解決する方法

第3章 お金に対する考え方

第4章 お金の貯め方

第5章 お金の使い方

第6章 お金の増やし方

第7章 投資を実践してみよう！

第1章

借金は誰にとっても身近な問題

1 25人に1人が借金を抱える時代

多重債務者とは、複数の貸金業者などから借金をして、返済に困っている人のことです。「債務者」とはお金を借りている人のことです。反対に、お金を貸している人は「債権者」といいます。本書では、この2つの言葉を何度も使いますので、ぜひ覚えておいてください。

さて、最初に「複数の貸金業者などから」と書きましたが、政府が発表するデータを見ていくと、多重債務者を3つ以上の債権者から借入をしている方としていることが多いようです。それでは、このような方々が、日本にどのくらいいるかご存知でしょうか？

金融庁をはじめとする省庁が発表したデータによると、平成18年度には、多重債務者は、約443万人とされています（注1）。この年の15歳以上の人口と比較してみると、実に約25人に1人が多重債務者という計算になります（注2）。ここで、政府もこの多重債務者問題を深刻に考え、この年に貸金業法という法律を改正します。この法改正で、年収の3分の1を超える新たな借入は原則としてできないようにしたのです。その結果、多重債務者は減少傾向となり、平成29年度には約115万人にまで減っています。

ところが！　平成30年のデータでは、約120万人となり再び増加しはじめているのです。近年、生活環境の変化はめざましく、インターネット、スマートフォンなどの普及により、私たちの生活はとても便利になりました。そのような中で、「お金を借りること」も非常に便利に、簡単にできるようになっています。自宅にいながら、手元のスマートフォンを操作するだけでお金が借りられる時代なのです。また、キャッシュレス決済も、ここ数年で普及していきます。コンビニで買い物をしても、財布を出すことなくスマートフォンであっという間に支払いを済ませることができます。このようにして、「お金を借りる」「お金を支払う」という感覚が薄れてしまっている方が増えて、多重債務者が再び増えているのではないかと思います。実

注1）金融庁／消費者庁／厚生労働省（自殺対策推進室）／法務省
令和元年6月17日「多重債務者対策をめぐる現状及び施策の動向」
https://www.kantei.go.jp/jp/singi/saimu/kondankai/dai13/siryou1.pdf

注2）総務省統計局
https://www.stat.go.jp/data/jinsui/2017np/pdf/gaiyou2.pdf

際、借金についてのご相談を受けていても、「何に使ったか覚えていない」といった方もたくさんいます。

では、多重債務者となった方々は、どのようなきっかけでお金を借りているのでしょうか。ご相談の中で多いのは、収入が下がったり、職を失ったりして生活が苦しくなり、生活費の足しとしてお金を借りている方々です。また、ギャンブルのために気がついたら借入が膨らんでしまった方、保証人となっていたために、他人の借金を引き受けてしまった方、リボ払いを利用し借金から抜け出せない方、収入と見合っていない住宅ローンを組んで失敗してしまった方などなど……。さまざまな状況において、さまざまなきっかけで借金をして、多重債務者となっているのです。これは決して、他人事ではなく、誰にでも起こりうることだと思います。この点については、第1章3で具体的な事例をもとにご紹介していきます。

2 借金で追いつめられる人たち

多重債務者の方からお話をうかがうと、最初に借りた業者で上限額まで借りてしまい、それでもお金が足りないから次の業者から借入を始めるというケースが多いようです。そして、借りている先が多くなれば、それだけ返済額は増えていきますから、返済のためにまた別のところから借金をするということにも繋がります。こうして複数の業者から借りていくと、毎月返済をしているつもりでも、実際は利息を払っているために借金そのものが減らないという事態になってしまいます。

たとえば、年利15％で３社からそれぞれ１００万円を借りたとします。このとき、月に支払う利息は、１社あたり約１万２５００円、合計で約３万７５００円となります。つまり、毎月約３万７５００円を支払ったとしても、借金は１円も減らないということです。したがって、この金額とは別に借金の元本を返済しなければ、永遠に利息を払い続けることになるのです。

返済しているけど借金が減らない……という苦しみは、この利息が原因です。

こうして、返しても返しても減らないという状況で、急な出費があったり、収入が下がったり、浪費してしまったりすると返済はさらに苦しくなっていきます。あちこちから借金をしながら、まさに自転車操業となるわけですが、すでにご紹介したように貸金業法によって年収の3分の1以上は借りられないことになっています。つまり、どこかで借りられなくなる時がくるのです。そうすると、借金返済のための借金すらできなくなり、最悪の場合は、違法な貸付を行う「闇金」に手を出してしまう方もいます。闇金を営む人たちは、金融庁の許可を得ていません。違法な利息を要求し、激しい取立てを行います。この時点で、もはや安心して生活することはできなくなっているといえるでしょう。

ここまで読んでいただきおわかりになったと思います。多重債務者になってしまうと、精神的な負担が非常に大きく、だんだん正常な判断ができなくなっていくのです。せっかくの給料日も返済することばかりに気を取られ、一生懸命に働いてもらった給料も利息に消えていくのです。これでは、心に余裕がなくなってしまうのは当然です。そして、返済ができなくなり「滞納」状態となっていくと、電話や手紙による督促が始まります。もちろん、貸金業者も仕事ですから、返済がない時に督促するのは当たり前なのですが、携帯に何度も督促の電話がかかってきて、家に帰ったら督促の手紙が届いている……これでは、一時的にでもこの状況から抜け出すため、さらに別の業者から借金をしてしまった方を、誰が責められるでしょうか。

また、借金をしているということを、家族や友人、恋人などに内緒にしたいと思う方は多いと思いますが、督促の手紙が頻繁に届けば知られてしまう可能性は高くなります。借金をしていることで周囲の人に対して後ろめたさを感じてしまう、という点も多重債務者の精神的負担の一つといえるでしょう。

では、滞納が続いてしまうとどうなるのでしょうか。貸金業者は、返済を求めて裁判手続きを始める場合があります。お金を借りる際には、たいてい勤務先を申告していますから、場合によっては給料を差し押さえられるという事態も起こります。もらう予定の給料から強制的に返済させられるのです。もちろん、そうするためには給料を払う側の勤務先にも通知が届きますから、借金をしていることが勤務先にも知られてしまうことになります。もちろん、借金を理由にしてすぐに解雇されるということにはなりませんが、上司や同僚の皆さんに借金の存在を知られてしまうと、周りの目も気になるでしょうし、仕事に集中できる環境ではなくなるでしょう。

そして、これが最悪のケースですが……多額の借金によって精神的に追い詰められ、自らの命を絶ってしまう方がいます。その数は、平成30年度には703名と、年間で数百人の命が失われているのです（注3）。このあとご紹介するように、借金はさまざまな手続きで整理することができますし、そこには弁護士や司法書士といった専門家がサポートすることもできます。どうか、借金よりも命の方が遥かに重いということを思い出していただき、このような方々が少しでも減ることを願わずにはいられません。

注3）金融庁／消費者庁／厚生労働省（自殺対策推進室）／法務省
令和元年6月17日「多重債務者対策をめぐる現状及び施策の動向」
https://www.kantei.go.jp/jp/singi/saimu/kondankai/dai13/siryou1.pdf

3 事例紹介

支出の管理不足

相談者・Aさん　22歳　女性

ご相談に来たAさんは、借金の理由を尋ねると「なぜこんなに借金が増えたのかわからない」とおっしゃいました。気がついた時には、もう借金をしないと生活が成り立たなくなっていたということなのです。

Aさんは、ショップ店員さんの勧めでクレジットカードを作り、買い物は基本的に現金を使わずクレジットカードを使用するようになりました。しかし、月にどれくらいカードを使っているかを管理していなかったので、ついつい使いすぎて翌月の返済が苦しくなることが続きました。そこで、一時的に支払額を下げるためリボ払いを利用したのですが、それでも返済は苦しくなり、とうとう別のところからお金を借りてきて返済の埋め合わせをしてきました。Aさんとしては、特別な贅沢をしているわけではないのに、いつの間にか借金は増え続け、返済のために別の業者から借金をするという事態になってしまったのです。

　こうなってしまうと、返済しても利息が大きくなっているため借金の元本は減らず、いつまでも借金から抜け出せません。

　この事例のポイントは、ご自身が「何に、いくらお金を使ったか」を把握されていなかったということです。みなさんも、カードの請求金額をみてハッとしたことがありませんか？　クレジットカードは大変便利ですし、私たちの経済活動にとって、もはやなくてはならないものだと思います。しかし、手元にある現金で買い物をするわけではないので、「お金を使った」という実感が薄れてしまうのも事実です。しっかりと支払った金額を把握して、自分の収入の範囲で節度を持って使える方はよいのですが、誘惑に負けてそのバランスを崩してしまう方や、そもそも支払いの管理が苦手という方は、要注意です。

高額所得者の破産

相談者・Bさん　45歳　男性（医師）

借金や債務整理は所得が低い人がするもの、そのようなイメージを持っている方も多いのではないでしょうか。実は、高額所得者といわれる方でも、借金に苦しんでいるケースは数多くあります。医師といえば、高額所得者の代表格。職業別の所得ランキングでは、常に上位を占めています。しかし、意外なことに借金の返済ができず債務整理をする医師の方もいるのです。医師のみなさんは、医療分野の専門家として大変優秀な方々です。しかし、すべての医師がお金に関する高いリテラシーを持っているわけではありません。考えてみれば当然のことで、医学部を卒業し、医師免許を取得する能力と、お金の管理・運用に必要な能力は、全く別物だからです。これは、他の分野で専門性を発揮し、高い収入を得ている方々にも同じことがいえるでしょう。

ここでご紹介したいのが、不動産業者に勧められるがままに不動産を購入してしまったBさんです。医師として高い収入を得ていることは誰にでもわかりますから、「節税のためにマンションを買いませんか」「不動産に投資して、お子さんのためにも財産を残しましょう」といった勧誘を、よく受けていたそうです。

Bさんは、こういった勧誘に乗って不動産投資にチャレンジしました。銀行から融資を受けてマンションの一室を購入し、人に貸して収入を得るという運用モデルです。そして、一室だけだと利益が少ないからと次々に購入していきます。収入は十分にありますから、銀行もお金を貸してくれます。

さて、蓋を開けてみるとどうでしょう。途切れることなく部屋を借りてくれる人がいればいいのですが、実際には空室になる期間が発生していました。また、想定していた家賃では借り手が見つかりそうにないということで、家賃の値下げを提案されます。やむなく承諾したものの、想定していた家賃がもらえないわけですから、手元に残るお金は予定よりも少なくなります。空室で家賃が入ってこなくても、想定より安く貸していたとしても、銀行への返済は予定どおり行わなくてはなりません。だんだんと返済が苦しくなり、とうとう家賃収入だけでは返済できない状況になってしまいました。

不動産投資については、第6章に記していますが、不動産を人に貸し、そこから得られる家賃収入から税金や必要経費、銀行への返済をした残りが利益になります。もちろん、購入するときには利益が残るようなシミュレーションをしているはずです。しかし、この事例のように、空室が出てしまう、家賃相場が下がってしまうといったリスクがありますので、必ずしも予定どおりの利益が得られるわけではありません。

Bさんは、最終的にマンションを5部屋購入していて、銀行からの借入は2億円に迫る金額となっていました。購入した物件の中には、立地が悪く入居者が決まりにくいものもあり、運用を諦めて売却しようにも、購入金額とは比べものにはならないくらい安い金額でしか買い手がつきません。結局は、家賃収入が不足するために、医師として得た給料から返済をするという状況に陥ってしまいました。

一般的な指標として、不動産投資をする際には、金融機関への返済額を家賃収入の4割以下に設定して組み立てていきます。これを、ローンの返済比率といいます。しかし、そういったことを知らずに「儲かる」という誘い文句に乗って不動産投資をしてしまう方がいます。Bさんは、不動産を全部売却することにしましたが、最終的には自己破産をすることになりました。

この事例でわかるとおり、いくら収入が高くても、お金の使い方、運用の仕方を間違えれば、借金に悩まされることはあるのです。各分野の専門家として活躍されている方々にも、ぜひお金リテラシーを高めて、借金問題がご活躍の妨げにならないようにしていただきたいと思います。

住宅ローン破綻

■相談者・Cさん 33歳 男性（夫婦）
Dさん 32歳 女性

マイホームの購入にあたっては、多くの方が住宅ローンを利用しています。さまざまな条件はありますが、会社員の方であれば、一般的に年収の約6〜7倍の金額を借りることができるといわれています。年収500万円の方であれば、概ね3000万円〜3500万円という計算です。この借入金額を、30年や35年といった期間を設定して返済していくのです。住宅という高額な商品を現金で購入できる人は決して多くありませんから、マイホームの購入を考える方にとっては、住宅ローンはなくてはならないものといえます。

CさんとDさんの結婚生活は、5年目を迎えていました。二人はそろそろマイホームを手に入れたいと思い、住宅展示場に出かけます。そこでは、さまざまな住宅メーカーが、競い合うように素敵なモデルルームを展示しており、二人は新居での生活を思い浮かべながら、胸を躍らせて見学していました。そんな中、とあるモデルルームで二人の足が止まります。二人のイメージにぴったり合う洋風な造りで、Dさんの希望どおり広くて機能的なキッチンがついています。営業担当者もとても感じ良く説明してくれたので、二人はこの家がすっかり気に入り、購入したいと考えました。

しかし……この家は想定していた予算よりも高く、住宅ローンの審査が通るかが心配です。そこで、営業担当者から、夫婦の収入を合算した金額で住宅ローンを組む、いわゆるペアローンを勧められました。Cさん、Dさんは、いずれも会社員で安定した収入がありましたから、二人の収入を合わせれば、夢のマイホームに手が届くことがわかったのです。

ここまで読まれてきた皆さんは、もうおわかりでしょうか。そうです、二人の収入がいままでどおり確保できることを前提として住宅ローンを組んだのですが、そのとおりにはいかなかったのです。ほどなくDさんはご懐妊されて、出産・育児のために、仕事を休むことになりました。大変おめでたいことなのですが、二人の収入をベースに組んだ住宅ローンは、Cさんの収入だけで返済することになります。出産や育児にもお金がかかりますから、徐々に家計は苦しくなっていきます。ボーナスで何とか補てんしていましたが、急な出費がある月もあります。とうとう、生活費の足しにキャッシングを利用し、その金額は徐々に大きくなっていきました。これからお子さんの教育費もかかりますし、将来のために貯金だってしておきたい。でも、このままではとても貯金はできない……ということで、お二人で相談に来たのです。

お二人とも「家は絶対に守りたい」というご希望がありましたので、個人再生という手続きを選択し、生活を再建していくことにしました。お子さんが生まれたばかりでしたし、住宅ローン以外の借金を減額できれば、なんとか返済していくことができそうだったので、あらためて返済計画を立て直し、裁判所の手続きを進めていきました。個人再生については後ほどご紹介しますが、このように住宅を維持したまま借金の整理ができるという特徴があります。ただし、これはCさんに一定の安定した収入があったからこそ選択できた手続きで、状況によっては自己破産しか選択肢がなく、家を手放さざるを得なかった可能性も十分ありました。

やはり問題は、マイホームを買いたい！　という想いが先行して、住宅ローンを「組めるだけ組んだ」ことにあると思います。これからのライフステージにおいて、いつ、どれくらいのお金がかかるのか、二人の収入は今後どのように変化する可能性があるのか、そういったことを想定して、無理のない住宅ローンを組まないといけなかったのです。

マイホームについては、人それぞれの価値観があると思いますが、やはりそこに夢を抱く人が多いように感じます。確かに、家族が安心して暮らせる家を確保するということは素敵なことだと思います。しかし、購入するときには、今のお金だけでなく「将来の」お金のことまで考えなくてはならないのです。

ギャンブルによる多重債務

相談者・Eさん　24歳　男性

日本にも公営のカジノを作る、こんなニュースがたびたび取り上げられていましたが、みなさんはどう思われますか？　政府としても、さまざまな狙いがあってこのような議論を進めているのでしょうが、ギャンブルに依存してしまい、とうてい返せない借金を抱えても止められないという方がいることも事実です。自己破産について後ほど詳しくご紹介しますが、ギャンブルによって借金を重ねた場合、自己破産手続きの後に借金を帳消しにする「免責許可」が、原則として下りないことになっています。この免責許可は、裁判所が強制的に借金をなくしてしまうわけですから、お金を貸している方からすれば、大変な不利益となるものです。したがって、やむを得ない事情があって借金をした人にだけ許可されるように、ギャンブルなどは「不許可」にされることになっているのです。ただし、「原則として」と書いたように、裁判所の判断によっては許可される道も残されています。

Eさんは、まさにこのギャンブルによって借金を繰り返していました。どうしてもパチンコ・スロットが止められず、休みの日には必ずと言っていいほどパチンコ店に通っていたそうです。勝ったときの快感が忘れられず、負けていてもどんどんお金を注ぎ込んでしまいます。生活が苦しくなっても通い続け、手持ちのお金がなくなっても「もう少し続けて負けた分を取り返そう」という思考になり、消費者金融のATMへ駆け込んでいました。

こうして多重債務者となったEさんでしたが、幸い仕事は順調に続けられていたので収入は安定しており、利息さえなくなれば、なんとか返済していけそうでした。そこで、「任意整理」という手段を選択しました。任意整理についても詳しくは後述しますが、弁護士や司法書士が債権者と交渉し、これから発生する利息を免除してもらったうえで、長期の分割返済を行っていく方法です。自己破産手続きと違って、きちんと返済は続けていくので、Eさんのように継続的な収入が見込まれる方に適した方法といえます。Eさんは、これを機会にギャンブルと決別すると心に決めて、今では順調に返済を続けています。

以上、さまざまな事情を抱える多重債務者の例として、4人の方々を紹介しました。いずれの方も、返済に追われるご経験をしながらも、債務整理の手続きによって生活を再建しています。たとえ借金を重ねて多重債務者となったとしても、専門家のサポートを得ながら新たなスタートを切ることができるのです。ぜひ、お一人で悩まずに弁護士や司法書士にご相談されることをおすすめします。

Column

ブラックリストってなに？

「借金を滞納するとブラックリストに載る」世間でよく聞く言葉ですが、そもそもブラックリストとは何でしょうか。実は、そのような名称のリストは存在しません。個人の借入については、「信用情報機関」というところに、誰が、どこで、いくら借りているといった情報が記録されています。この情報の中には、返済の履歴も含まれており、滞納していることや債務整理を行ったということもこの機関に問い合わせればわかるのです。つまり、この信用情報機関に滞納や債務整理の履歴が残ることを「ブラックリストに載る」といっているのです。

日本における信用情報機関は、次の3つがあります。

・シー・アイ・シー（CIC）
・日本信用情報機構（JICC）

・全国銀行個人信用情報センター

金融機関に借入の申込みをすると、まずこの信用情報機関の情報について調査が行われます。キャッシングに関する履歴だけでなく、クレジットカードの利用状況、分割払いで購入している商品があるかどうか、ローンの利用残高や返済履歴なども登録されていますので、借入残高がいくらなのか、他の借入について滞納などの記録がないのかということを確認するのです。みなさんがお金を貸す側になったときを想像してみてください。他でたくさん借入をしていて、収入の状況からすれば返済が厳しくなりそうな方や、すでに他の借入を滞納している方に、お金を貸すでしょうか？　もちろん、答えはノーだと思います。それは金融機関も同じですから、事前に審査が行われるわけです。なお、滞納や債務整理を行った履歴のことを「事故情報（または異動情報）」といいます。

それぞれの信用情報機関では、事故情報として登録される条件に差があります。2か月の滞納で事故情報とする機関もあれば、3か月としている機関もあります。事故情報は登録されると永久に残るわけではなく、一定期間が経過すれば抹消されます。任意整理を例に取ってみると、借金を完済してから5年から10年程度で抹消されるといわれています。

もし、過去の借金について記憶が曖昧になってしまい、どこでどのような借入をしたかを調べたいというときは、この信用情報機関からご自身の情報を取り寄せることができます（もちろん、他人の情報は見ることができません）。

事故情報の影響について見落としがちなのが、携帯電話端末の購入です。近年発売されているスマートフォンは、数年前と比べても格段に性能が向上しており、価格も高額になっています。そこで、多くの人が、月々の携帯電話の使用料金に本体代金を分割した金額を上乗せして支払う仕組みを利用しています。したがって「機種代金をちゃんと分割して支払えるのか」という点について審査が必要となるのです。審査を通過させるかどうかは販売会社の判断ですから、一概に通らないとは言い切れませんが、事故情報が記録されている方の審査は、厳しい結果となる可能性があります。その場合には、お金を貯めて一括払いで購入するか、本体価格の安い機種を選ぶといった工夫が必要です。

　このようなお話をすると、機種変更が分割払いにできないなら債務整理はしないという方もいます。しかし、目の前の借金問題から目を背けて放置してしまうと、いずれ返済が難しくなって滞納していまい、結局は事故情報として登録されるという事態も想定されます。やはり、早い段階で借金を整理し、借金に頼らずに生活するリズムを取り戻すことを優先していただきたいと思います。完済の時期が早まれば、事故情報が抹消される時期も早まるわけですから、将来、住宅や車のローンを組めるようになりたいとお考えの方は、ためらわずに借金の問題と向き合っていただきたいものです。

第2章

借金問題を
解決する方法

借金問題の解決手段としては、大きく分けると次の5つがあります。

① 任意整理
② 自己破産
③ 個人再生
④ 過払い金返還請求
⑤ 時効援用

それぞれに特徴がある手続きなので、その人に合った解決方法を選択することが重要です。

それでは、順を追って説明していきましょう。

1　任意整理

任意整理については、第1章の事例紹介でも少し触れましたが、債権者と交渉して、利息を免除してもらったうえで分割返済を行っていく方法です。この後でご紹介する自己破産や個人再生が裁判所による手続きであるのに対して、任意整理は裁判所を通すことなく、債権者と個別に交渉して進めていきます。

(1) 任意整理のメリット

① 債権者からの催促が止まる

返済を滞納している方には、債権者から電話や手紙で督促が行われます。第1章でも述べたとおり、この督促を精神的な負担と感じる方は少なくないでしょう。弁護士や司法書士が債務整理を引き受けると、まず債権者に「受任通知」という書面を送ります。この受任通知には、「私がこの方の債務整理を引き受けたので、今後の連絡は本人ではなく私にしてください」という内容が記されており、この書面を受け取った債権者は、本人へ連絡することができなくなります。つまり、債務整理を依頼した方への督促がストップするのです。督促による精神的な負担から開放されること、これは任意整理の大きなメリットといえるでしょう。

②利息の免除

任意整理の交渉では、できるだけ債権者から利息を免除してもらうことを目指します。あくまで交渉なので、すべての債権者が利息の免除に応じるわけではありませんが、借入や返済の状況によっては多くの債権者が応じてくれます。これは、債権者が、返済が滞るより利息を免除してでもきちんと返済してもらった方が良いと判断しているからだと考えられます。また、これまで返済した期間が長ければ長いほど、すでにその期間の利息を受け取っていますから、十分に収益が上がっているという場合もあるでしょう。なお、利息には、すでに発生している利息（経過利息）とこれから発生する利息（将来利息）があります。もちろん、経過利息も将来利息も免除してもらって、元金だけを返済できるようになるのがベストです。しかし、債権者にとっては利息が収益へ繋がるわけですから、経過利息は免除せず将来利息の免除に応じる債権者が多いようです。将来利息が免除されれば、返済すべき金額が確定しますので、いくら返済しても利息がついて借金が減らないという状況から抜け出すことができます。つまり、借金返済のゴールが設定されるわけです。マラソンをするときのことを考えてみてください。どれだけ走ればゴールにたどり着くかわからずに走り続けるのは、とても辛いものです。反対に、ゴールの位置がわかっていれば、そのゴールをめがけて計画的に努力をすることができますし、あと◯メートルということがわかりますから、精神的にはとても楽になると思います。借金の返済も、あと◯回返せば完済できる、というゴールが設定されることによって、生活再建への意欲は格段に上がることでしょう。

③職業制限がない

ここから先のメリットは、自己破産のデメリットと比較する必要があります。自己破産に対しては、大変ネガティブなイメージを持っている方が多いのですが、自己破産をしたとしても、会社をクビになるわけではありませんし、たいていの職業には影響がありません。しかし、弁護士や司法書士などの士業や、生命保険募集人、警備員など、一部の職業では一定期間仕事ができなくなるという点には注意が必要です。したがって、この制限がかかる職業に就いている方にとっては、自己破産は選択が難しい手段となるのです。これに対して、任意整理にはこのような制限がありませんので、どのような職業の方であっても進めていくことができます。

④財産を手放さずに済む場合がある

裁判所へ「自己破産の手続きをして借金を帳消しにしてほしい」と申し出ることは、言い換えれば「もう全額の返済はできなくなったので、自分が持っている財産をすべてお金に変えて、できるかぎり返済します。だから、残った借金は免除してください」ということです。つまり、自己破産手続きを進めると、生活していくために必要な最低限の財産以外は、すべて返済に使わなくてはならないのです。もちろん、車のローンを組んでいる方は、車を手放す必要がありますし、住宅ローンを組んでいる方は、マイホームを手放すことになります。

この点、任意整理について考えてみましょう。ローンを組んで購入した高額の財産（車など）について「返済が難しいので、任意整理をしたい」と申し出たとします。このとき債権者は、「お金を返せないなら、その財産は返してください」と言うわけです。したがって、任意整理であっても、財産を失うリスクはあります（お金を払ってないのですから当然ですね）。しかし、すべての借入について債務整理を進めることが原則であるものの、特別な事情がある場合には、整理する債権者を限定することもできます。例えば、どうしても車が使えないと仕事に支障をきたし、生活ができないということであれば、その車のローンは除いて、他の借入だけ任意整理を進めることができます。自己破産ではこのような選択はできませんから、ここは任意整理のメリットといえるでしょう。

⑤保証人に迷惑をかけずに済む場合がある

保証人がついている借金として代表的なものに、奨学金があります。もし、奨学金について債務整理を始めたとすると、債権者はどうするでしょうか。そうです、返せなくなった本人の代わりに、保証人へ返済を求めるのです。奨学金は、親御さんが保証人になっているケースがほとんどですから、「親には迷惑をかけられない」と債務整理をためらう原因になってしまうことがよくあります。この点、④でお伝えしたとおり、任意整理ではやむをえない事情がある場合、対象とする借入を選択することができます。奨学金は、そもそも金利の設定が低い場合が多いので、そのまま返済を続けていき、他の借金について利息の免除を求めて交渉に入るというプランにすれば、保証人である親御さんに迷惑をかけずに手続きを進めることができます。

⑥他人に知られるリスクが低い

任意整理は、個別に債権者と交渉するだけですから、裁判所が関わらないという点はすでに述べたとおりです。したがって、任意整理をしたという事実は、ご本人と、サポートした専門家、相手方となる債権者以外は知りようがないのです。もちろん、ご家族に内緒にしたい方でも、手続きを進める中で専門家と書類のやり取りをしますから、それを見られないように工夫することは必要です。私たちも、郵便局留めで郵送する方法や、事務所名が入ってない封筒に私の個人名を書いてお送りするなど、いくつかの選択肢をご用意しています。

(2) 任意整理のデメリット

① 新たな借入が難しくなる

任意整理をすると、信用情報機関にその事実が記載されます（20頁のコラムをご参照ください）。すでにご説明しましたが、この情報が記録されると、一定の期間クレジットカードやローンの新規申込みについて、厳しい審査結果が出されます。気をつけなければならないのは、すでに持っているクレジットカードなども、更新のタイミングで使えなくなることがある点です。しかし、そもそも借金に頼る生活から抜け出すことが債務整理の目的です。新たな借入ができる状況では、また逆戻りという事態にもなりかねません。そう考えると、新たな借入ができなくなることは、手元にある現金をやりくりして生活するためには最適な状況ともいえます。

②安定した収入が必要

任意整理は、利息の免除や長期の分割返済を実現する手続きですから、返済を続けていくために安定した収入が必要です。自己破産のように、借金がなくなるわけではないのです。借りたお金を返すということですから、デメリットとはいえないかもしれませんが、そもそも返済するための収入が確保できない方にとっては、債務整理の手段として選択することができないのです。

③業者が交渉に応じない可能性がある

この点は、メリット②で述べたとおりです。任意に交渉を進めて返済の条件を決めていく手続きですから、債権者が「ノー」と言えば進めることはできません。多くの債権者が応じてくれている現状ではありますが、希望する条件がすべて叶うわけではなく、ここは弁護士や司法書士の腕の見せどころともいえるでしょう。手続きを進めるにあたっては、過去の交渉実績を参考にしながら、交渉が成立するかどうかの見通しを立てていきます。そういった意味では、債務整理の実績が豊富な事務所に依頼するのは、有効な選択肢だと言えます。

ここまで、任意整理のメリット・デメリットをご紹介してきました。専門家に手続きを依頼する際には、これらを踏まえて、任意整理を選択すべきかどうかを一緒に検討していきます。一概には言えませんが、①借金の総額が年収の3分の1以上に達している方、②返済はできているけれど利息の支払いによって借金の元本が減らないという状況に陥っている方、③返済のための借金を繰り返している方については、任意整理の手続きを検討した方がよいでしょう。もちろん、その際には、自己破産や個人再生なども視野に入れていきます。

(3) 任意整理手続きの流れ

実際に私たちが行っている任意整理の流れを、図1にまとめていますのでご参照ください。まずはじめに、任意整理の依頼を受けると、債権者に受任通知を送ります。まずここで、ご本人への督促が止まり、同時にいったん返済もストップしてもらいます。

図１　任意整理の流れ　※依頼する専門家によって異なることがあります

STEP 1 面談・受任

専門家（弁護士・司法書士）との面談後、正式に受任

↓

STEP 2 受任通知の発送

対象業者（債権者）に受任通知が届けば請求が止まる
返済はすべてストップ

↓

STEP 3 債権調査

専門家がこれまでの取引経過を取り寄せる

調査期間
消費者金融：約１か月半
信 販 会 社：約２か月

↓

STEP 4 債権調査結果の報告／返済計画の相談

専門家からの結果報告。今後の月々の返済計画の作成
過払い金発生の場合は返還請求を行う

↓

STEP 5 和解交渉

専門家が各業者との交渉を行う

↓

STEP 6 和解書の送付

和解が締結された業者から順番に和解書を送付

↓

STEP 7 返済の開始

和解書が届いたら、それぞれ返済を開始

次に、依頼を受けてから概ね2か月ほどの間で、正確な借入と返済の状況を調査します。このことを、「債権調査」といいます。債権者から「取引履歴」という書面を出してもらい、これまでの借入と返済の状況を1件ずつ確認していくのです。この期間には、返済をストップしている代わりに、私たちが頂く報酬を積み立ててもらいます。

調査が終わると、債権者との交渉をスタートします。ご本人の意向も踏まえつつ無事に交渉が済めば、利息の免除や返済期間などの交渉結果を記した「和解書」というものを作成します。この書面を取り交わすことで債権者との「和解」が成立します。

ここからは、ご本人が決められた期間で完済できるよう、毎月の支払いを開始していきます。

任意整理は、しっかりと長期間にわたる返済を行う意志を持った方に適した手段だということがおわかりいただけたと思います。自らの借金と向き合い、「借りたものは返したい」というお気持ちを口にされる方もいます。私たち専門家も、そのような方を全力でサポートしています。

2 自己破産

自己破産については何度か触れてきましたが、ここであらためてまとめていきましょう。まず、自己破産手続きができる人は、「借金を全額返済できる見込みがない状況」にある人にかぎられています。このことを「支払不能」といいます。支払不能状態になっているかどうかは、いま持っている財産や今後の収入などから、裁判所が総合的に判断します。「どのくらい借金があれば自己破産ができますか?」と質問されることがありますが、借金がいくらならできるというわけではなく、借入金額、いまある財産の状況、今後の収入の見込みなどから判断されますので、一概には言えません。

自己破産手続きをすることが認められると、今後の生活に必要な最低限の財産を除いて、財産はすべてお金に換え、できるかぎり債権者へ返済します。この手続きを破産手続きというのです。

そして、返済した後に残ってしまった借金を免除するのが、裁判所による「免責決定」です。Eさんの事例でご説明したように、ギャンブルを理由にした借金などの「免責不許可事由」がなく、無事にこの決定が下りれば、借金がゼロの状態から生活をやり直すことができます。ただし、罰金や養育費、税金など、免責の対象にならないものもありますので注意が必要です。

(1) 自己破産のメリット

なんといっても、自己破産の最大のメリットは、免責決定を得れば借金がなくなるということです。任意整理と違って、返済を続けていく必要はありませんので、まさにゼロからのスタートが切れるのです。したがって、手続きをする時点では、十分な収入が見込めない場合、この自己破産手続きを検討することになります。

ここで、これまで何度か触れた免責不許可事由について、少し詳しくご説明します。

①破産手続きをする際に、財産を隠していた場合

預金や家、車などの財産があるのに、裁判所へ提出する書類にわざと記載しなかったといったケースです。

②破産申立ての直前にクレジットカードで買い物をして、それを現金化した場合

いわゆる「ショッピング枠の現金化」と言われる行為です。これは、具体例を用いて説明しましょう。まず、キャッシングの限度額までお金を借りてしまっているけれど、手元にあるクレジットカードのショッピング枠が残っている状況だったとします。クレジットカードで買い物はできても、現金は借りられないということです。この状況に目をつけた一部の業者が、ただ同然の商品をクレジットカードで販売し、ただちにその商品を買い取るという手法を思いついたのです。

たとえば、お金に困ったXさんへ、おもちゃの指輪をクレジットカード決済により5万円で販売します。業者は、すぐにXさんからその指輪を4万円で買い取ります。Xさんは、4万円

の現金を手に入れ、業者は1万円の利益が出ます。もちろん、Xさんには翌月クレジットカードの利用分として5万円の請求がきますので赤字です。しかし、それでも目の前の現金が必要だからという理由で、この仕組みを利用する人がたくさんいたのです。この手法は、指輪を買い取っているだけで、お金を貸しているわけではないという理屈で行われていましたが、警視庁により、実質的にはお金を貸す行為だと判断されています。お金を貸すことを仕事にする場合には、金融庁から許可を得なければなりませんが、これらの業者はそのような許可を得ていませんでしたので、多くの業者が摘発されています。

③一部の債権者にだけ返済してしまった場合

これを「偏頗弁済（へんぱべんさい）」といいます。債権者の中にお世話になった親戚がいたとします。破産手続きをして迷惑をかけてはいけないと、この親戚にだけ借金を返済したとしたら、他の債権者はどう思うでしょうか？　もちろん「他の人に返すくらいなら、自分に返してくれ」と主張するはずです。破産手続きでは、少しでも返済できる財産があれば、すべての債権者に平等に返済することになっていますので、このように不平等な行為は許されないのです。

④ギャンブルで借金をした場合

⑤詐欺的な借入をした場合

たとえば、収入がたくさんあるように見せかけて借金をした場合や、はじめから返す気がないのに借金をした場合などです。

この他、裁判所が進める破産手続きにきちんと協力しなかった場合や、虚偽の説明をした場合、7年以内に免責許可を得ている場合など、全部で11の免責不許可事由が定められています。したがって、破産手続きをする際には、これらに該当しないかどうかを検討する必要があります。

(2) 自己破産のデメリット

①新たな借入が難しくなる

この点は、任意整理と同じですから、説明は省略します。

②国が発行する文書に住所や氏名が載る

破産手続きを行った人は、国が発行している「官報」という文書に住所や氏名が記載されます。この官報は、新聞のような形状をしており、お金を払えばオンラインでもその内容を見ることができます。そんな文書に載ってしまうのは困る……と思うかもしれませんが、みなさんはこの官報という文書を見たことがありますか？　多くの人はご覧になったことがないどころか、ここで初めてその存在を知ったのではないかと思います。一般の人にはあまり馴染みのない文書ですから、みなさんのお知り合いが官報を見て、破産したことが知られてしまうというケースは、あまり想定されないといえるでしょう。もちろん100%とは言い切れませんから、ここではデメリットとして記載しています。

実は、以前までは、官報に関するご説明をここで終えていたのですが、近年、追加でご説明しなくてはならない事態が発生しました。インターネットを利用して、「破産マップ」というサイトを立ち上げ、官報に載っている破産者の情報を日本全国の地図上に記載し始めた人が現れたのです。このサイトでは、誰でも「近所に破産者がいるか調べてみよう」などということができてしまうため、破産手続きをした人、またはこれからしようとする人にとっては、大変やっかいな存在でした。このサイトは、弁護士を始めとした各団体からの抗議もあり、すぐに閉鎖されたのですが、類似した別のサイトがインターネット上に登場するなど、完全に防ぎきれているとはいえない状況です。インターネットが普及することで、非常に便利な世の中が実現している反面、このようなリスクも発生しているということは、十分に注意しておく必要があります。

③職業制限がある

この点も、任意整理のメリットの中でご説明しました。一定の職業に就いている方は、破産手続きを進めると仕事に支障が出てしまいますので、この点を十分に注意して債務整理の方法を検討する必要があります。

(3) 自己破産の流れ

自己破産手続きも、弁護士や司法書士が債権調査を行うまでは同じ流れです。自己破産をするためには、手続きに必要な書類をそろえ裁判所に「破産手続きをします」と申し出る必要があります。このことを「申立て」と言います。裁判所は、破産手続きをすべき状況にあるのかを判断する必要がありますから、借金の内容だけでなく、家計の状況や、持っている財産の状況など、さまざまな内容を記載した書類を提出しなくてはなりません。裁判所が、破産手続きを開始するという決定を下すと、「破産管財人」が選任され、本人の状況を詳しく調査したうえで、財産をお金に換え、債権者への返済を行います。お金に換えられる財産を持っていない人の場合は、この破産管財人を選任することなく、すぐに破産手続きを終了する場合もあります。このことを「同時廃止」といいます。同時廃止になれば、破産管財人への報酬が必要あり

図２　自己破産の流れ　※依頼する専門家や裁判所によって異なることがあります

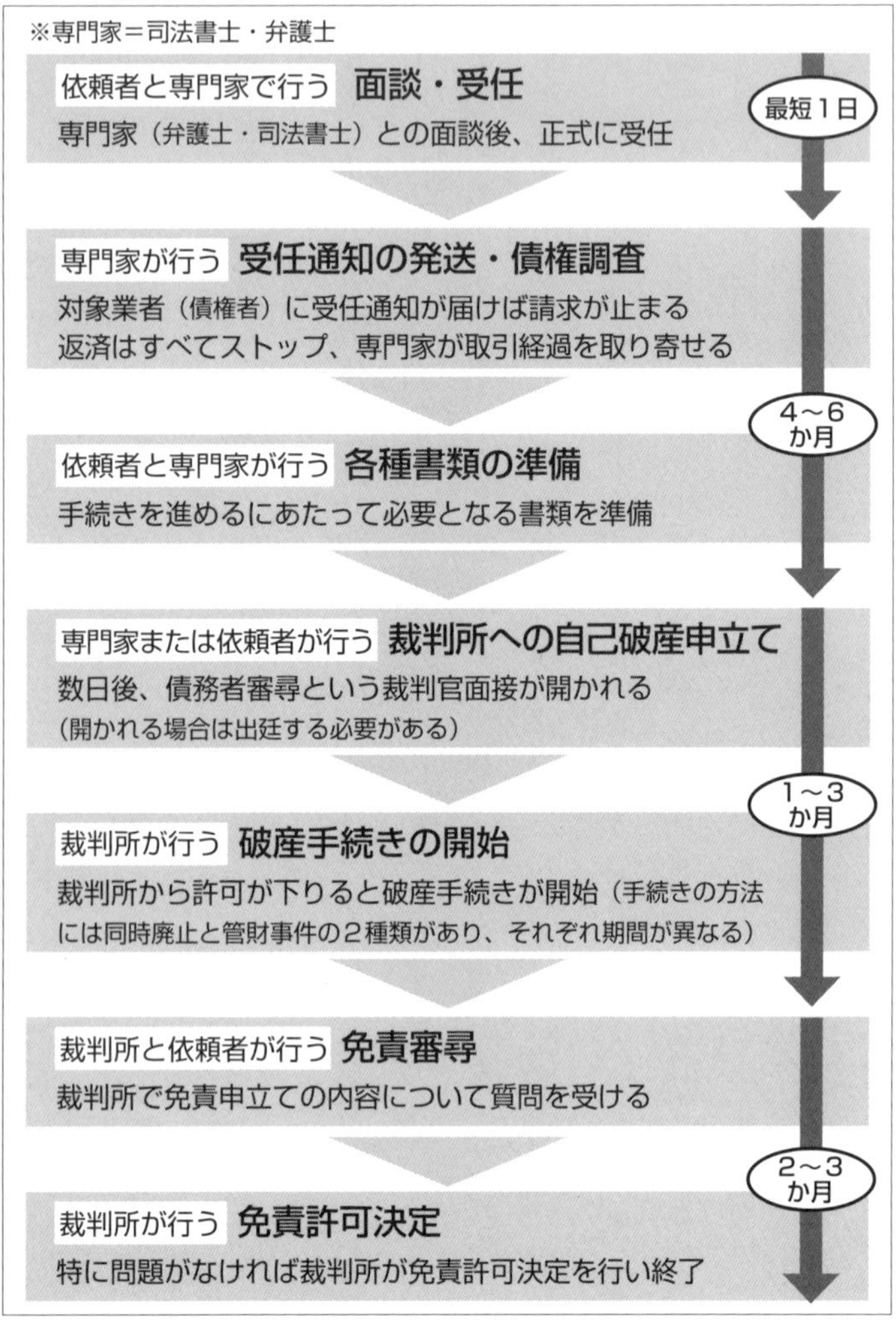
※専門家＝司法書士・弁護士
依頼者と専門家で行う　面談・受任
専門家（弁護士・司法書士）との面談後、正式に受任
最短１日
専門家が行う　受任通知の発送・債権調査
対象業者（債権者）に受任通知が届けば請求が止まる
返済はすべてストップ、専門家が取引経過を取り寄せる
4～6か月
依頼者と専門家が行う　各種書類の準備
手続きを進めるにあたって必要となる書類を準備
専門家または依頼者が行う　裁判所への自己破産申立て
数日後、債務者審尋という裁判官面接が開かれる
（開かれる場合は出廷する必要がある）
1～3か月
裁判所が行う　破産手続きの開始
裁判所から許可が下りると破産手続きが開始（手続きの方法には同時廃止と管財事件の２種類があり、それぞれ期間が異なる）
裁判所と依頼者が行う　免責審尋
裁判所で免責申立ての内容について質問を受ける
2～3か月
裁判所が行う　免責許可決定
特に問題がなければ裁判所が免責許可決定を行い終了

ませんから（もちろん破産管財人もただで働くわけにはいきません）、破産手続きに必要な費用は比較的低額になります。破産手続きが終了し、免責許可が下りれば手続きは完了です。

自己破産は、借金の返済がどうしてもできそうにない方だけが選択できるものです。しかし、借金をゼロにして生活再建に集中できる点を考えれば、大きなメリットがあります。任意整理と比べても、極端にデメリットが大きい手続きではなく、世間で抱かれているような、ネガティブなものではないのです。借入の金額や生活状況によっては、借金から開放され新たな一歩を踏み出せる、重要な手続きだといえます。

3 個人再生

個人再生は、自己破産と同じく裁判所に申立てをして進める手続きです。どうしてもマイホームを残したいという方は、住宅ローンはそのままにして、それ以外の借金を裁判所の決定により原則として5分の1に減額してもらい（図3）、3年間（場合によっては5年間）で分割して返済していくこともできます。減額されるとはいえ返済が必要という点では、任意整理にも似ています。しかし、任意整理は個別に債権者と交渉して利息の免除を求めていきますが、個人再生は、裁判所が一括してすべての借金を取り扱い、元本まで減額の対象となるところが大きく異なっています。第1章の事例でご紹介したCさん、Dさん夫婦のように、安定した収入があり、自宅を維持したまま生活を再建したいという方にとっては、個人再生は有力な選択肢になるでしょう。

個人再生ができる人は、①住宅ローンを除く債務総額が５０００万円以下であること、②支

図3　個人再生の減額表

借金総額（住宅ローンを除く）	最低弁済基準額
1円～100万円	全額
100万円～500万円	100万円
500万円～1,500万円	借金総額の5分の1
1,500万円～3,000万円	300万円
3,500万円～5,000万円	借金総額の10分の1

払不能状態にあること、③安定した収入があること、といった条件を満たす必要があります。もう少し詳しくお話しすると、個人再生は、小規模個人再生、給与所得者等再生といった種類に分かれ、それぞれに条件があるのですが、本書では大枠をご紹介することに留めます。

裁判所には、減額された後の借金をどのように返済していくのかという返済計画を立てて提出します。これを「再生計画」といいます。この内容を裁判所に認めてもらうためには、収入の状況などにより、減額されれば完済できるということを証明する必要があります。

すでにご説明してきたように、個人再生のメリットは、①住宅を守ることができること、②借金の元本まで減額の対象となることなのですが、これに加えて③職業制限がないこと、④免責不許可事由のようなものがなく、借金をした理由は問われないこと、といった点も挙げられます。

反対にデメリットは、①他の手続きと同様、信用情報機関に事故情報として記録されること、②官報に個人再生をした事実が記載されること、③安定した収入がないと利用できないことの3点であるといえるでしょう。

4 過払い金返還請求

最近ではあまり聞かなくなってきましたが、みなさんもテレビCMなどで一度は「過払い金」という言葉を耳にしたことがあるのではないでしょうか。過払い金とは、過去に違法な金利でお金を借りていて、法的には払う必要がなかったにもかかわらず、利息として払ってしまったお金のことです。2010年の法改正より前に、消費者金融などのキャッシングを利用したことがある人であれば、発生している可能性があります。なぜ、このような過払い金が発生するのでしょうか。実は、法改正前には「利息制限法」と「出資法」という、お金を貸すことに関する2つの法律に矛盾があったことが原因なのです。利息制限法では、貸す金額に応じて、15~20%という利息の上限が定められています。一方で、出資法では29・2%を超える金利は取ってはいけないと定められていました。そして、利息制限法には罰則規定がなく、出資法には罰則規定がありました。

お金を貸す業者にしてみれば、出資法で制限されている29・2％の利率を超えなければ、たとえ利息制限法の上限20％を超えていても、罰を受けることがないわけですから、多くの業者が29・2％の金利でお金を貸していたのです。この利息制限法と出資法の上限金利の間を、いわゆるグレーゾーン金利と呼んでいます。

しかし、そのような法的な矛盾には終止符が打たれます。最高裁判所が、利息制限法の上限を超えるグレーゾーン金利は法的に無効であり、もらい過ぎた利息は返す必要があると判断したのです。逆の視点で考えれば、今までグレーゾーン金利で利息を払ってきた人は、それらを「過払い金」として、取り戻せるということになったのです。

自分に過払い金があるかどうかは、①平成19年より前にグレーゾーン金利でお金を借りていたか、②「時効」を迎えていないかの二点で判断します。時効については後でお話しますが、過払い金には請求できる期限＝時効があり、完済してから10年経つと取り戻すことができなくなります。そして、過払い金の金額は年々減少しています。日本貸金業協会の年次報告書（注1）では、２０１０年時点で月間約７７２億円あった過払い金が、２０１８年時点では約１１6億円にまで減っています。これは、多くの過払い金返還請求がなされ、返還が進んでいるということと、時効を迎えて過払い金を請求できる権利が消滅していることが原因であると考えられます。したがって、過払い金の返還請求を行うのであれば、早めに手続きを進めることをおすすめします。

過払い金返還請求では、他の債務整理手続きと同様に、まずは取引履歴を取り寄せることから始めます。その中で過去にグレーゾーン金利による貸付があったことを確認できれば、過払い金がいくらあるかを計算する「引き直し計算」を行います。その結果、過払い金が存在しているのであれば、債権者に返還をもとめていきます。

すでに完済している借金に関して過払い金の返還請求をしたとしても、信用情報機関に事故情報は記録されません。ただし、いまも返済を続けている借金に関して行う場合には、記録されることがありますから注意が必要です。

注1）日本貸金業協会の年次報告書
平成22年度版：https://www.j-fsa.or.jp/doc/material/white_paper/h22/all.pdf
平成30年度版：https://www.j-fsa.or.jp/doc/material/white_paper/h30/all.pdf

5 時効援用

最後にご紹介するのは、「時効援用」です。簡単に言えば、長い期間にわたって返済をしておらず、債権者からの督促もなかった場合には、借金が消滅するという制度です。

貸金業者等から借りた借金については、この期間は5年間とされています。この制度が適用されるためには、借りている側が「時効を援用します」と債権者に通知する必要があり、実務的には「内容証明郵便」という、どのような内容の郵便を送ったかが記録される郵便で書面を送って通知します。

時効は、実際に返済はしていなくても、5年が経過する前に借金があることを認めてしまうと、適用されなくなってしまいます。したがって、こちらでは時効が成立していると考えていても、債権者からは、「分割で返済したいという申し出があったので、時効にはなっていない」といった反論が出てくることもあります。そうなれば、時効が適用されるかどうか裁判で争う場合もあります。

では、時効の5年間とは、どこから数えればいいのでしょうか。たとえば、100万円を1回借りて、1年後に全額を返すという契約の場合では、返済期限から数えていきます。では、10年かけて分割して返済するという契約だった場合はどうでしょうか。この場合は、借りてから10年後からカウントするわけではありません。返済期限を迎えた分から、順次カウントすることになります。つまり、債権者が請求できるようになった分から、時効のカウントを始めていくのです。

では、消費者金融等との契約ではどうでしょうか？　一般的に、分割返済での契約になっていても、2回程度返済を怠ると一括返済を求められることになっています。これを法律用語では、「期限の利益を喪失する」といいます。つまり、債権者としては返済が2回程度なかった時点で、借金全額について請求できるようになるわけですから、この時点から時効のカウントを始めることになります。ご相談をいただいた方の中には、あと1か月で時効が完成していたのに、債権者からの請求に応じて1回だけ返済してしまったという方もいますので、十分に注意してください。

もちろん、債権者は、貸したお金を回収しないといけないので通常は5年間も請求することなく放置するわけではありません。途中で何かしらのアクションを起こしているはずです。もし、「裁判所を通した請求や督促をしていた」「返済の約束を取り付けていた」などという事実があれば、時効は認められなくなります。言葉巧みに、というと印象が悪いかもしれませんが、「1か月分だけも返済してもらえたら、あとは特別に長期の分割で大丈夫です」「とにかく100円でもいいので、返済してもらえませんか？」というように、債務者との会話の中でも時効の成立を阻止しようとします（債権者からすれば当然ですね）。

もし、時効が成立している場合は、借金の存在自体がなくなるので、返済の必要はありません。それによって、借金から開放されたり、他の借金の返済に集中して取り組めるようになりますので、借入の状況を確認しながら、時効の可能性があるものについては、通知の準備を進めていきます。

Column

連帯保証人の仕組みが改正された

「連帯保証人のハンコだけは押すな」こんな台詞を聞いたことはありませんか？　私も社会人になる前に言われたことがあって、そのときは本当に気をつけようと思ったものです。では、なぜ連帯保証人になってはいけないのか、その点についてお話しします。

連帯保証人とは、借金をした人が返せなくなったときに、本人に代わって返済する義務を負う人のことです。いつ本人が返せなくなるかはわからないのですから、自分が借金をしているのと同じリスクを背負っていると言えます。たとえば、信頼できる（と思っている）友人や兄弟姉妹から頼まれた場合、あなたならどうしますか？　最初は断っていても、何度も頭を下げられたり、さまざまな事情を説明されているうちに心は揺らいでいくかもしれません。典型的な例としては「絶対に迷惑はかけないから大丈夫」という決め台詞です。心持ちの優しい人や、押しに弱い人などは、その言葉を信じて連帯保証人を引き受けてしまうことがあるのです。実は、自己破産をしている人の約1割程度は、連帯保証人になってしまい、人の借金を引き受けてしまったことが原因なのです（注2）。

この連帯保証人の制度は、2020年4月1日に民法が改正され、大きく4つのことが変わりました。

一つ目は、「個人根保証契約の極度額」が定められたことです。今までは、借金をした本人が返せなくなったら、連帯保証人はその借金を無制限で背負うというルールでしたが、契約書で連帯保証人が引き受ける借金の限度額を定めなければいけなくなったのです。この「責任限度額」が定められていない連帯保証契約は、無効になります。

二つ目に、お金を借りた本人から、連帯保証人に対して情報提供することが義務づけられました。自分が返せなくなったら代わりに返済しなくてはならない人なのですから、自分から現在の財産状況などを、連帯保証人に教えなさいというルールです。連帯保証人は、本人の財産状況が事前にわかっていれば、連帯保証人になることを承諾しなかったというケースもあるでしょう。ですから、財産状況を知らずに連帯保証人になることを承諾した場合で、かつ、本人から連帯保証人に情報提供をしていないことを債権者が知っていた場合、もしくは知ることができた場合は、連帯保証人はその連帯保証契約を取り消すことができます。

三つ目に、債権者から連帯保証人への情報提供も同じように義務づけられました。今までは個人情報保護の観点から、連帯保証人から債権者に対して、「お金はちゃんと返ってきているのか、滞納してないか」ということを問い合わせても、債権者は回答することができなかったのです。しかし今回の改正によって、連帯保証人に対しては回答が義務づけられました。

最後に、お金を借りた本人の「期限の利益の喪失」についてです。一般的な契約では、2回程度、返済を滞納したら残金を一括で返済する規定になっています。今までは、その

注2）日本弁護士連合会消費者問題対策委員会 発行
消費者問題ニュース191号
https://www.nichibenren.or.jp/library/pdf/activity/human/consumer/news_191.pdf

ような状況になっても債権者から連帯保証人に通知することはありませんでした。それが、今回の改正では、債権者から連帯保証人へ通知するよう義務づけられたのです。

今回の法改正は、今まで無制限に責任を負っていた連帯保証人を守る規定が制定されたことに特徴があります。しかし、お金を借りた本人が返済できない場合に、借金を背負うことは変わりがないわけですから、連帯保証人を引き受けることはおすすめできません。人の借金で自分の人生に大きな負担がかかることになりますから、十分に注意しましょう。

第3章

お金に対する考え方

1 お金リテラシーの重要性

第2章までは、借金問題の解決方法を紹介してきました。それぞれの特徴を活かして手続きを進めていけば、目の前の借金問題を解決する道はいくつも用意されていることが、おわかりいただけたと思います。しかし、「はじめに」で述べたように、私は債務整理をした後に「お金」にどう向き合うかが最も重要だと思っています。債務整理は、生活を再建するための手段であり、一時的な解決になってしまっては意味がないからです。日本の基礎教育ではあまり教えてくれない、お金に対する正しい知識や考え方を身につけ、「お金リテラシー」を高めることでお金に悩まされない生活を送ることをゴールにすべきです。もちろん、これは借金に悩んでいる方だけでなく、経済活動を営み生活するすべての方にとっても重要であることは言うまでもありません。さあ、いよいよ本章から、お金に関する勉強を始めていきましょう。

2 お金についての勉強とは？

私たちのお金に対する考え方は、どのように作られていくのでしょうか。自身が育った環境の中で、ご両親やお祖父さん、お祖母さんから学んだという方もいらっしゃるかもしれません。はじめてアルバイトをして、お金を稼ぐことの大変さを知ったという経験もあるでしょう。社会と関わるようになり、先輩や上司から学ぶこともたくさんあると思います（反面教師になるような方も……）。つまり、どのような家庭で育ち、どのような道を歩んできたかによって、みんなそれぞれがお金に対する考え方を作り上げていくのです。「価値観は人それぞれ、色んな考え方の人がいる」という点については、もちろん何も問題ありません。むしろ、価値観の多様性は、私たちを成長させる糧になりますし、それこそが人間の特徴であるともいえます。しかし、お金に関しては、どうしても基礎的な部分の教育が抜け落ちていて、一部の方を除いては、大人になってもその知識が欠けたままなのではないかと思うのです。老後の資金はどれくらい必要なんでしょうか、貯金はどれくらいを目安にするべきなのでしょうか、お子さんを育てるにはどれくらいのお金がかかるのでしょうか……。どれもすべての人に当てはまる正解があるわけではありません。しかし、これらの問いに「検討もつかない」「何となくしかわからない」という状態では、私たちの生活はどうしても不安定になってしまいます。小学校の算数で「1＋1＝2」を学び、中学、高校と進むにつれて難しい数学に取り組んでいくように、お金についても基礎知識を学び、大人になるにつれて考え方を成熟させていくことが大事ではないでしょうか。

そこで、本書では、「お金に対する考え方」、「お金の貯め方」、「お金の使い方」、「お金の増やし方」という4つのアプローチでお金の基礎的な部分をご紹介していきます。お金はどうやって生まれたのかという出発点から、家計簿のつけ方、正しい貯金のコツ、住宅ローンの仕組み、資産運用などなど、さまざまなテーマを一緒に考えていきましょう。

3　1万円札の価値

「お金とは何ですか？」

まだお金というものがなかった大昔の人に尋ねられたら、あなたはどう答えますか？　また、お金について知っている私たちの間でも、この問いに対してはさまざまな答えが出てきそうです。生活のために必要なもの？　頑張って働いたらもらえるもの？　幸せになれるもの？　争いの種？　それぞれ正しい側面もあると思いますが、必ずしもそうでない場合もあります。つまり、いずれも正しい答えとはいえないのです。この問いに答えを出すために、お金はどうやって生まれたのか、その始まりの場面を考えてみましょう。

お金が生まれる以前、私たちの祖先は、物々交換によって必要なものを手に入れていました。しかしこの物々交換、なかなか効率が悪い仕組みなのです。たとえば、自分はいま魚を持っているけど、今日は肉が食べたいと思ったとします。そこで、肉を持っている人を見つけて、魚と交換してくれと申し出たとしましょう。ここで、「いま魚は欲しくない」と言われたら、肉は手に入りません。また、交換に応じてくれたとしても、自分が持っている魚一匹と、どれくらいの肉を交換するのが適正なのでしょうか。あなたは鶏一羽と交換してほしいと言い、相手はその魚なら鶏半身としか交換しないと言うかもしれません。お互いに基準がないため、いちいち交渉をしないといけないのです。また、せっかく魚を釣っても、数日経てば鮮度が落ちますし、腐ってしまえば価値がなくなってしまいますから、数日後に肉が食べたいと思ったとしても、また魚を釣りに出かけないといけないのです。

ここで、お金の仕組みが登場します。さまざまなものと交換できるお金というものがあったとすれば、いま魚は欲しくない人でも、お金となら肉を交換してくれるはずです。なぜなら、手に入れたお金で好きなときに、好きなものと交換することができるからです。また、お金が色々なものと交換できるとすれば、そこには相場が生まれます。銀貨1枚あれば、いまはだいたいイワシ○匹と交換できるし、鶏ならだいたい○羽と交換できるといった具合です。また、お金は腐りません。釣った魚をお金に替えておけば、数日後に肉が食べたくなったとしても、そのお金で肉を買えばいいので、また魚を釣りに行く必要はありません。つまり、お金には①

価値を交換する、②価値を測定する、③価値を保存するという3つの機能があるのです。

では、お金そのものには価値があるのでしょうか？　みなさんが手にする1万円札は、1枚発行するのに約28円かかるそうです。では、1万円札の価値は28円なのでしょうか？　そうではなく、やはり1万円札なのだから1万円の価値があるとみなさんは考えるでしょう。つまり、1万円札は、「モノ」として価値を持っているわけではなく、1万円分の価値と交換するための道具として価値を持っているのであり、お金とは、価値を測り、保存し、交換するための「仕組み」ということがおわかりいただけるでしょう。

そして、お金が仕組みとして成り立つためには、「信用」という考え方が重要です。たった28円程度で作られた紙切れに、1万円の価値があるとみなさんは信用していますよね？　これは、あなただけが信用しているのでしょうか？　そうではなく、社会全体で信用しているからこそ、お金の仕組みは成り立ちます。この紙は、日本政府が発行しているものであって、日本中どこに行っても1万円分の価値と交換できる、という信用がなければ、誰も1万円札なんて欲しがりません。

また、みなさんが人にお金を貸すとしたら、何を一番気にするでしょうか。おそらく「この人は貸したお金を返せるのか」ということだと思います。ここでも、相手への信用がベースとなるわけです。クレジットカードを利用できるのも、その人に信用があるからです。たくさん稼いでいるから、貸したお金をちゃんと返してくれているから、さまざまな理由でその人の信用は決まります。キャッシュレスの時代となっても、信用が土台になっていることに変わりはありません。第1章のコラムを思い出してみてください。みなさんの借入情報が記録されているところは「信用情報機関」です。ここには、みなさんの信用がどれくらいあるのかが記録されており、金融機関などがお金を貸すときには、申込者の信用を調査しているのです。

さあ、ようやくお金の正体にたどり着きました。お金とは「信用」だったのです。信用が、紙の形になっているのが、1万円札、5千円札、千円札というわけです。個人に着目してみれば、お金をたくさん持っている人＝信用力のある人といえます（もちろん、「○○さんは嘘をつかないから人として信用できる」というときに使う信用とは意味が違います）。お金を仕組みとして取り入れた社会では、この信用こそが重要なポイントです。信用を高める努力をすることで、お金は集まりやすくなりますし、反対に信用がない人はお金の世界では困ってしまうわけです。

■ポイント

▼お金の正体は「信用」である。

▼信用を高めることが重要。

4 年収800万円は幸福の限界点?

お金の正体は、信用だということがわかりました。信用力が高いということは、お金の世界では有利であるといえます。では、どんどんお金が増えて、信用力が高まれば、人は幸福になるのでしょうか。この点について、経済学の中で研究されている法則がありますのでご紹介しましょう。難しい言葉ですが「限界効用逓減(げんかいこうようていげん)の法則」というものです。

たとえば、お酒が(特にビールが)好きな方には、大きくうなずいていただけると思うのですが、暑い夏の仕事終わり、キンキンに冷えたビールの一口目は最高に美味しいですよね? しかし、1杯飲み終わり、2杯目、3杯目…と飲み進めていくと、最初の一口の感動はなくなっていきませんか? このように、あるものを消費したときに感じられる効果は、だんだんと減っていくという法則があるのです。

図4　年収と効用の関係

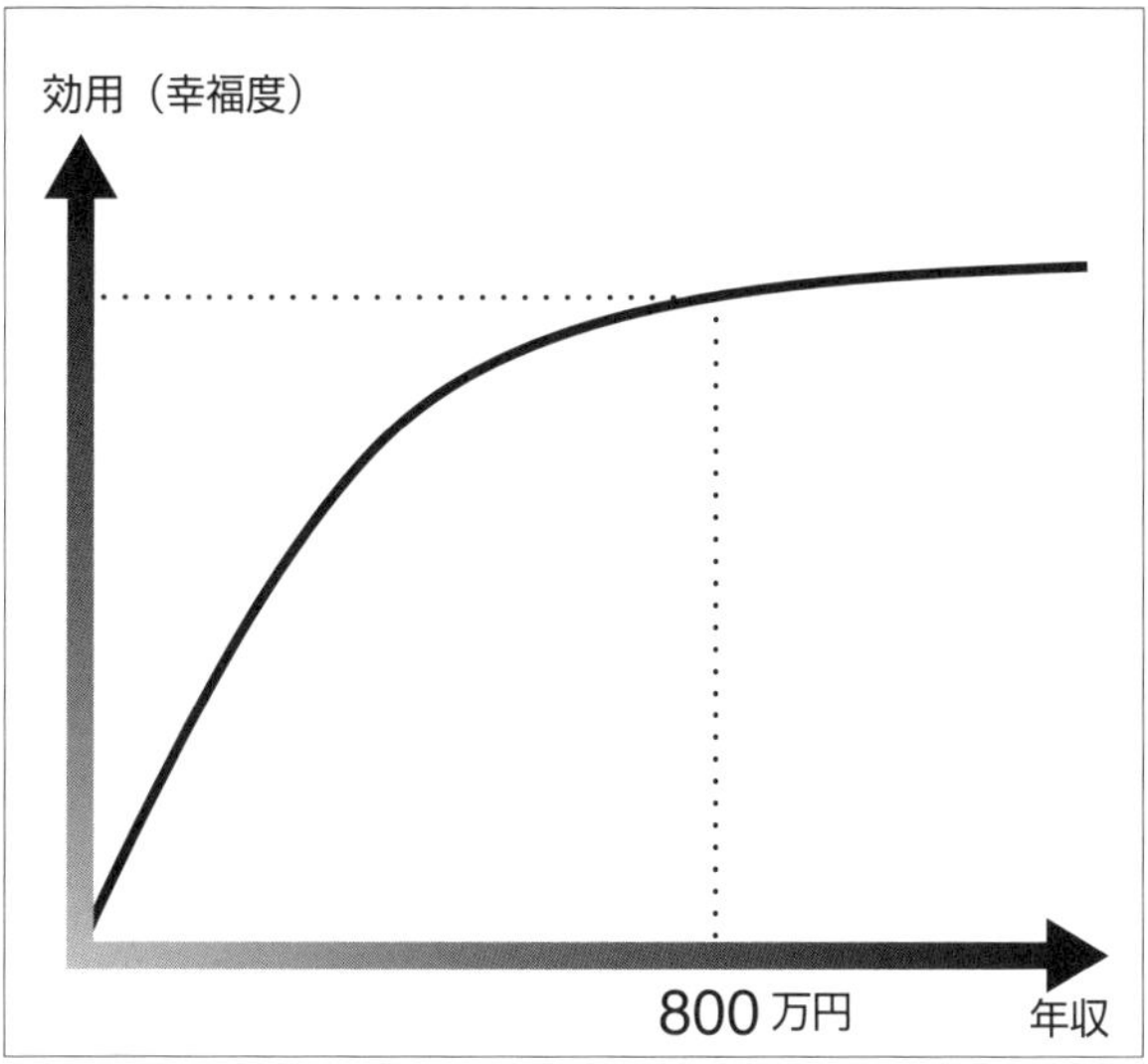

これは、お金も例外ではなく、多ければ多いほど良いということにはならないのです。月収20万円から21万円になったときの嬉しさと、月収200万円から201万円になったときの嬉しさは、一般的に言えば感じ方が違うはずです。

では、年収で考えたときに、人が幸福に感じる度合いは、どのような変化をしていくのでしょうか。実は、日本では年収800万円を超えると段々と幸福度が上昇しなくなるという研究結果があるのです。（注1）さらに、面白いことにア

注1）内閣府が2019年に実施した「満足度・生活の質に関する調査（第1次報告書）
https://www5.cao.go.jp/keizai2/manzoku/pdf/report01.pdf

メリカ人を対象にした研究でも、年収7万5000ドル（1円＝110円とすると825万円）から幸福度の上昇が緩やかになり、国が違っても同じような結果が出ているのです。

この研究結果は、年収800万円くらいまでは、人が幸福と感じる程度はどんどん上がっていくという見方もできますから、お金が人の幸福に関係ないといっているわけではありません。むしろ、深く関係しているともいえるでしょう。しかし、多ければ多いほど良い、ということにはならないということです。そもそも幸せの定義は人によって違いますし、「幸せはお金では買えない」といった言葉もよく耳にします。これは私の持論ですが、「お金があるから幸せになる」は必ずしも成立しないけれど「お金がないと不幸になりやすくなる」は成立すると思うのです。あくまで、不幸に「なりやすくなる」ということでお金がなければ不幸と言っているわけではありません。しかし、お金という仕組みが組み込まれたこの社会において、お金＝信用が高い人の方が好きなことができる可能性は高いですし、人生のさまざまな場面で選択肢が多くなります。反対に、日常生活の中でお金がないと困ることはたくさんありますし、お金がないことで、選択肢が制限されることもあるでしょう。だからこそ、お金にきちんと向き合い、正しく学ぶことで、自分の人生とお金の関係を考えていただきたいのです。むやみにたくさんのお金を求めていても、お金のことを軽く考えていても、幸せからは遠のいていくのではないでしょうか。

■ポイント

▼お金だけでは幸せになれないが、お金と向き合うことは重要。

5 宝くじで3億円当選→自己破産の謎

「宝くじで3億円当選したらどうしよう。」

多くの人がこんなことを考えたことがあるのではないでしょうか。

3億円あったら……

① とりあえず仕事を辞める？　いや3億円ではちょっと心配だな……

② 親には世話になったから1000万円あげるとして、あとはお祖父ちゃんには……

③ まずは3000万円くらいでフェラーリを買おう、その次はロレックスかな……

④ 大好きな映画を楽しめるマイホームを建てよう、地下にシアタールームを作って……

⑤ クルーズ船で世界一周旅行をして、世界各国で豪遊しよう……

こうやって果てしなく妄想を広げていくのは、それはそれで楽しいものです。しかし、宝くじの高額当選者は破産しやすいという話を聞いたことがありませんか？　実際に、億を超えるお金を急に手にした人たちが、結局は自己破産してしまったという例はあるようです。さて、これは一体どうしてでしょうか？　それだけのお金を手にして、破産なんかするわけないと思いませんか？　理由は簡単です。それは「お金の使い方」を知らないからです。ここからは、「たくさんお金があれば困らない」という考え方は、間違っていることをご説明していきましょう。

まず、3億円の使いみちとして挙げた①から⑤のうち、正しいお金の使い方はどれだと思いますか？　フェラーリを買うことでしょうか？　マイホームを買うことでしょうか？　世界一周旅行をすることでしょうか？　実は、いずれも不正解なのです。あの中には、正しいお金の使い方は一つもありません。お金の使い方で最も大切なことは、「資産」を買うことであり、これに対して、フェラーリやマイホームは「負債」と考えなければいけないからです。あれ？　高級車に不動産、どっちも資産じゃないの？　と思う方も多いことでしょう。そこで、お金の使い方を考えるうえで、「資産」と「負債」をどのように考えるのかをご説明します。

①資産とは

資産は「収入を生み出すもの」という意味です。マイホームが資産だと思ったみなさん、マイホームは収入を生むでしょうか。もちろん、「家がいちばん落ち着く」といった精神的な安らぎの場にはなるでしょうが、それは収入とは別の話です。残念ながら、マイホームがお金を生むことはありませんし、反対に、買ったときからは価値が下がっていき、固定資産税などの出費が生じます。マンションであれば管理費、修繕費なども支払わねばなりません。したがって、マイホームは資産とは考えられないのです。

②負債とは

負債は「支出を生むもの」という意味です。したがって、マイホームや車など、維持費がかかるものは負債に分類されます。

もし、宝くじに当選して、たくさんのお金を手に入れたとしても、お金を生み出す資産では

郵 便 は が き

料金受取人払郵便

落合局承認

4302

差出有効期間
2022年8月31日

（期限後は切手を
おはりください）

161－8780

東京都新宿区下落合2-5-13

㈱ 税務経理協会

社長室行

お名前	フリガナ	性別	男 ・ 女
		年齢	歳
ご住所	□□□-□□□□ TEL （ ）		
E-mail			
ご職業	1．会社経営者・役員 2．会社員 3．教員 4．公務員 5．自営業 6．自由業 7．学生 8．主婦 9．無職 10．公認会計士 11．税理士 12．行政書士 13．弁護士 14．社労士 15．その他（ ）		
ご勤務先・学校名			
部署		役職	

ご記入の感想等は，匿名で書籍のＰＲ等に使用させていただくことがございます。
使用許可をいただけない場合は，右の□内にレをご記入ください。 □許可しない

ご購入ありがとうございました。ぜひ、ご意見・ご感想などをお聞かせください。
また、正誤表やリコール情報等をお送りさせて頂く場合もございますので、
E-mail アドレスとご購入書名をご記入ください。

この本のタイトル	

Q1　お買い上げ日　　　　年　　月　　日

ご購入方法　1．書店·ネット書店で購入（書店名　　　　　　　　）
　　　　　　2．当社から直接購入　　3．その他（　　　　　　　　）

Q2　本書のご購入になった動機はなんですか？（複数回答可）
1．タイトルにひかれたから　　2．内容にひかれたから
3．店頭で目立っていたから　　4．著者のファンだから
5．新聞・雑誌で紹介されていたから（誌名　　　　　　　　）
6．人から薦められたから　　7．その他（　　　　　　　　）

Q3　本書をお読み頂いてのご意見・ご感想をお聞かせください。

Q4　ご興味のある分野をお聞かせください。
1．税務　　2．会計・経理　　3．経営・マーケティング
4．経済・金融　　5．株式・資産運用　　6．法律・法務
7．情報·コンピュータ　　8．その他（　　　　　　　　）

Q5　カバーやデザイン、値段についてお聞かせください

①タイトル	1良い	2目立つ	3普通	4悪い
②カバーデザイン	1良い	2目立つ	3普通	4悪い
③本文レイアウト	1良い	2目立つ	3普通	4悪い
④値段	1安い	2普通	3高い	

Q6　今後、どのようなテーマ・内容の本をお読みになりたいですか？

ご回答いただいた情報は、弊社発売の刊行物やサービスのご案内と今後の出版企画立案の参考のみに使用し、他のいかなる目的にも利用いたしません。なお、皆様より頂いた個人情報は、弊社のプライバシーポリシーに則り細心の注意を払い管理し、第三者への提供、開示等は一切いたしません。

なく、お金を生まない負債に使ってしまうと、「これからお金が入ってくる道」が途絶え「これからお金が出ていく道」だけが残ります。このとき、お金があるからと仕事を辞めてしまっては、ますます危険です。一時的には大きな金額を手にしているかもしれませんが、そこからお金は増えることなく、どんどん減っていく一方です。いかに大金でもかぎりはありますから、なくなるときはやってきます。もしかすると、「でも3億円もあれば、そう簡単になくならないでしょ」と思う方もいるかもしれません。しかし、支出がいまと同じくらいだと思ったら大間違いです。金額が大きな負債を手にすれば維持費などの支出も大きくなりますし、やはり当選後は贅沢をしてみたいと思うはずです。給料日の後に、自分へのご褒美として1000円のランチを食べていたという人が、3億円を手にした後に同じ金額のランチで満足するでしょうか。おそらく、もっと高いものを食べてみたいと思うはずです（もちろん安くて美味しいものもたくさんありますが……）。そして、一度食べて満足すればいいのですが、段々とそれが日常化していき、全体的に生活レベルが上がっていきます。最初だけと思っていても、一度上がった生活レベルを落とすのは、なかなか大変なのです。

正しいお金の使い方は、お金を生み出す資産を買うこと。このことを知らず、ひたすら支出街道を突き進んでしまうと、一時的に大きなお金を手にしたとしても自己破産をするという結末を迎えてしまうことがあるのです。

■ポイント

▼お金は資産に使うべし。

6 給料が上がった！ でも生活が楽にならない？

年収400万円から800万円になっても、あまり金銭的な余裕が生まれないと感じる人がいます。これはなぜでしょうか。まず、年収が上がると税の負担が大きくなることが原因として挙げられます。日本では「累進課税」制度といって収入が上がれば税の負担も大きくなる仕組みが採用されています。もちろん、手取り額が減ってしまうということはないのですが、年収が400万円上がったからといって、その金額を自由に使えるわけではなく、手取り額でいえば300万円くらいしか増えないのです。

さらに、年収が上がったからといって、家賃の高い家に引っ越したり、欲しかった自動車を買ったり、美味しいものを食べて食費を上げたりしていくと、上がった分の収入と同じくらい、場合によってはそれより大きく支出が増えていくこともあります。これでは、年収が上がったからといって金銭的な余裕が生まれないという現象は、当然に起こる結果といえます。

安易に生活レベルを上げないこと、これは重要なポイントです。

7 金持ち父さん貧乏父さんに学ぶ働き方

ここでは、「お金をどうやって得るか」について考えていきます。世の中にはさまざまな働き方がありますが、どのような職業につくかという話ではなく、どのような仕組みでお金を得ていくかという視点です。

お金についての書籍として『金持ち父さん　貧乏父さん：アメリカの金持ちが教えてくれるお金の哲学』（ロバート・キヨサキ著、筑摩書房）という有名な本があります。すでにお読みになった方もいるかもしれませんが、この本の中で、働き方をそれぞれの頭文字をとって「E、S、B、I」の4つに分類していますので参考にしてみましょう（図5）。

E：Employee（従業員）

いわゆるサラリーマンです。会社などに雇われて、労働力を提供することで給料をもらっています。

図5　ＥＳＢＩ

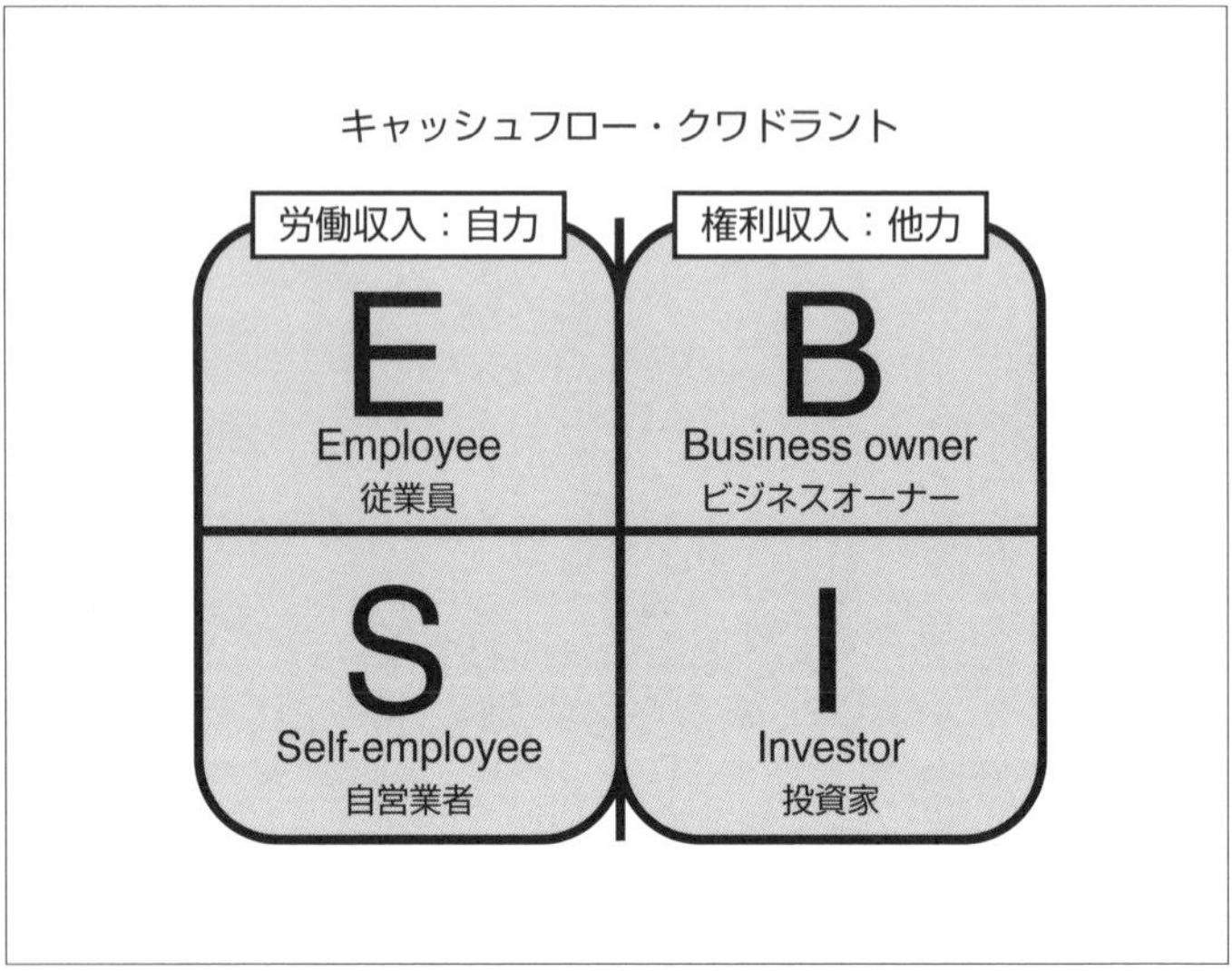

Ｓ：Self-employee（自営業者）

自分で飲食店や美容室を経営している人などをイメージしてください。私も起業したときには、１人で司法書士事務所を立ち上げましたので、自営業者でした。

Ｂ：Business owner（企業のオーナー）

株式会社であれば株主にあたります。会社のオーナーは社長、と思っている方もいるかもしれませんが、これは必ずしもそうとはいえません。株式会社の仕組みでは、株主＝会社のオーナーであり、社長＝株主から経営を任されている人です。つまり、それぞれが別の人であってもいいわけです。しかし、日本の会社の大多数を占める中小企業では、社長が会社の株を持っていて、オーナー社長として経営している場合も多く、両者を混同してしまうことが多いようです。

I：Investor（投資家）

金融商品（株や債権など）、不動産、会社などに投資することでお金を得ている人たちです。

これら4つの働き方は、お金を得る方法に着目すると2つのグループに分かれます。まず、EとSは、自分の労働力を対価として収入を得るという働き方です。それに対して、BとIは、資本を活用して収入を得るという働き方です。資本は、よくヒト・モノ・カネといわれていましたが、自らの労働力を対価としてお金を生み出すのではなく、従業員などの人的資本、会社の設備などの物的資本、そしてお金を始めとする金融資本を使って収入を得ている人たちなのです。

この4つの働き方は、どれが正解でどれが間違いということはありません。E、S、B、Iは、働いて社会に貢献できるのであれば、いずれでもいいわけです。しかし、多くの人が労働力を対価にした働き方、つまりサラリーマンとして収入を得ることとしか意識していないことが問題なのです。収入を得る方法は決して1つではなく、誰にでもこの4つの選択肢は用意されていて、複数を選択することもできるのに、こういったことを学校の授業で習ったという人はいないと思います。義務教育が終わって中学校を卒業するときに提示される選択肢は、ほとんどの方にとって「進学」か「就職」です。これは、高校を卒業するときも同じです。大学生ともなれば、みんなそろって就職活動をはじめ、多くの人がサラリーマンへの道を進んでいきます。

繰り返しますが、自分の労働力を提供してお金を得ることが、悪いという話ではありません。しかし、そこには限界があります。8時間の勤務時間をベースに働き、若いうちは残業をして深夜に帰宅という生活でも乗り切れますが、それでも体力には限界がありますし、年齢を重ねていけば無理もきかなくなってきます。つまり、この「自分がたくさん働かなければお金は増えない」という考え方しか持っていない人は、自分の労働力＝限界のあるものを対価として考えているわけですから、得られるお金にも限界があるということなのです。

これに対して、BやIは、自分以外の力を活用することに注力する働き方です。Bは、従業員や設備やお金を使って会社を大きくし、個人の力を超えた規模でお金を生み出します。Iは、さまざまなものに投資して、そこから得られた利益を手にしています。投資がうまくいけば、自分が働かなくてもお金が入ってくる仕組みです。ここが重要なポイントです。「お金に働いてもらう」といった表現がされることもありますが、自分が得たお金を投資して、お金がお金を生むようにしておくのです。

いままでサラリーマンだった人に、急に「独立してビジネスオーナーになりましょう」と言っても、そう簡単になれるものではないと思います。事業を経営するということは、うまくいかず収入が得られない（場合によっては多額の借金を背負う）リスクもありますし、そこに向き合うだけの覚悟が必要です。雇用されて働くこととは、全く別の能力が必要な世界だといえるでしょう。

一方で、投資はどうでしょうか。わたしは、投資は正しい知識さえあれば、誰でも取り組むことができるものだと思っています。もちろん、投資すれば必ずお金が増えるわけではありません。増えることもあれば減ることもあります。だからこそ、正しい知識を身につけ、そのとき自分が許容できるリスクの範囲内で投資していく必要があります。投資についてしっかり学ぶことは、重要なお金リテラシーのひとつです。

みなさんがお金を得る方法は、必ずしもひとつではありません。従業員として働いていても、自営業者として事業を行っていても、そこから得たお金を投資することで、お金を得る方法は広がっていきます。別に怪しい投資話をしているわけではありません。投資をして一攫千金を狙おうと言っているわけでもありません。地道に投資を続けて、年間で10万円の収入を得ることができたとしたら、みなさんはどう思いますか？　少し言い方を変えれば、「働かずに10万円が手に入る方法があったら、あなたは取り組みますか？」ということです。10年間続ければ、働かずに100万円を手にできるのですから、勉強する価値はあると思いませんか？

そのためには、まず給料だけがお金を得る方法という考え方を捨てて、お金と投資についてきちんと勉強し、お金を得るためのさまざまな選択肢と向き合っていくことが重要なのです。

確定申告しないと損する？

会社員の方にとっては、あまり馴染みのない確定申告について、ここで取り上げてみましょう。確定申告は、毎年2月16日から3月15日の間に行うもので、前年の1月1日から12月31日までの1年間で、どれだけ所得（＝収入－経費など）があったのかを取りまとめ、それにかかる税金の額を計算し、税務署に申告・納税する手続きのことです。なお、ここで納める税は、所得税と復興特別所得税です。自分で申告することもできますし、税の専門家である税理士に依頼することもできます。確定申告をすると、税務署から市区町村役場へ内容が通知され、今度は住民税等の額が決まる仕組みになっています。

会社員や公務員など「給与所得者」の方は、会社が年末調整をして申告してくれますので、基本的には確定申告を行う必要はありません。

【確定申告をする人の例】

・複数の会社から給与を受けている人
・給与の年間収入金額が2000万円を超える人
・給与以外の副収入の所得合計額が20万円を超える人
・源泉徴収されていない外国企業から受け取った退職金がある人
・自営業者やフリーランスなどの個人事業主
・公的年金を受け取っている人
・不動産収入や株取引等での所得がある人
・住宅ローン控除を初めて適用する人（初年のみ）
・医療費控除の適用を受ける人

※例外もありますので、具体的には管轄の税務署もしくは税理士にお尋ねください。

確定申告の申告期限をすぎてしまうと、「無申告加算税」や「延滞税」といった罰則的な税が課される場合もあるので、注意が必要です。
では、具体的な税の計算方法を見ていきましょう。

【計算式】

① 課税の対象となる所得（課税所得）の計算
課税所得＝（収入）－（経費）－（所得控除）

② 納税予定額の計算
納税予定額＝（課税所得）×（税率）

③ 実際の納税額の計算
実際の納税額＝（納税予定額）－（税額控除）

① 課税所得

1年間の収入から、人件費、交通費、広告費などかかった経費を引きます。さらにそこから、「所得控除」（図6）に該当するものがあればさらに差し引きます。なお、会社員や

図6　所得控除

基礎控除	配偶者控除	配偶者特別控除
扶養控除	勤労学生控除	寡婦(寡夫)控除
障害者控除	医療費控除	生命保険料控除
社会保険料控除	地震保険料控除	雑損控除
寄附金控除	小規模企業共済等掛金控除	

公務員の方で、給与だけで収入を得ている場合は、経費という考え方がなく、「給与所得控除」が適用されます。これらを引いて残った金額が、課税の対象となる「課税所得」です。

② 納税予定額

課税所得に応じて定められた税率（図7）を掛けると、納税予定額が算出されます。

③ 納税額

納税予定額から、「税額控除」（図8）に該当するものがあれば、納税予定額から控除し、最終的な納税額が決まります。税額控除とは、給与所得控除などと違って、税の計算対象となる課税所得から控除するものではなく、算出した税額から控除するものです。

図7　所得税率

課税所得金額	税率	控除額
195万円以下	5%	0円
330万円以下	10%	97,500円
695万円以下	20%	427,500円
900万円以下	23%	636,000円
1,800万円以下	33%	1,536,000円
4,000万円以下	40%	2,796,000円
4,000万円超	45%	4,796,000円

税金は安くしたい！　と思う方は多いと思いますが、この計算式をご覧になってわかるように、税額を下げるためには、使った経費を漏れなく計上することと、所得控除と税額控除を正しく適用することの2点しかないのです。

それでは、この控除について、どのような種類があるか見ていきましょう。

①　医療費控除

自分および自分と生計を一緒にしている親族のために医療費を支払った場合には、医療費控除を受けることができます。対象となる金額は、1年間に支払った医療費の合計額から保険金等で補てんされた金額および10万円（所得が200万円以下の場合は所得の

図8　税額控除

所得控除名	主な要件
住宅借入金等特別控除	敷地を含めた住宅の新築・取得または一定の増改築でローンを組んだ場合（そのほか細かい要件あり）。
寄附金特別控除	政党または政治資金団体、認定NPO法人等、公益社団法人等に寄附をした場合。
配当控除	株の配当金などの配当所得があった場合。
外国税額控除	他国の所得税などを納付した場合（二重課税防止）。

5％）を控除した金額となり、控除の限度額は200万円となります。

②　ふるさと納税

ふるさと納税は、寄附金として扱います。自分の選んだ自治体にふるさと納税（＝寄附）を行った場合には、寄附額のうち2000円を越える部分について、所得税と住民税から原則として全額が控除される制度です（一定の上限はあります）。

③　住宅ローン控除

住宅ローン減税制度は、住宅ローンを利用して住宅を購入した場合に、購入者の金利負担の軽減を図るための制度です。住宅ローンを利用すると金利がかかりますから、税の負担は少し減らしてあげようということとです。年末の住宅ローン残高または住宅の取得対価のうちいずれか少ない方の金額の1%が10年間にわたって所得税の額から控除されます。また、所得税からは控除しきれない場合には、住民税からも一部控除されます。

第4章

お金の貯め方

1 2・6・2の法則で着実に貯金を増やす

前章のテーマは、「お金に対する考え方」でした。お金を得る方法は「自分が働く」ことだけではなく、お金を「資産」に使って、さらにお金を生むサイクルにすることが重要です。資産を持っていない人、負債ばかりを買ってしまう人は、たとえ年収が上がっても、お金は貯まりません。お金が貯まらない方は、「給与をもらったら、生活費や諸々の支払いをして、残ったら貯金しよう」と考えている人が多いようです。お金を貯めたければ、まずはこの考え方をあらためなければなりません。そのままだと、年収が1000万円あっても、2000万円あっても、お金は貯まりません。逆に、お金の貯め方のポイントさえ知っていれば、たとえ年収が300万円であっても、着実に貯金をすることができます。

では、そのポイントとは何でしょうか。それは、「先取り貯金」をすることです。先取り貯金とは、文字どおり、給料が振り込まれたら、〝先に〟貯金分だけを貯金用の口座に移すとい

相続税調査はどう行われるか
―調査対象選定から加算税賦課まで―

2021/8発売
6794-6

相続税の調査対象の選定、調査の流れとその対応方法まで事例とともに丁寧に解説。不安を解消して調査に備えよう。

武田 秀和 著

A5判並製 272頁 3,190円

評価の手順と明細書の書き方がゼロからわかる
ヒヤリハットで身につく取引相場のない株式評価のキホン

これから株式評価をはじめる人の実務のヒヤリを未然に防ぐ。
基礎的な評価の考え方と明細書の書き方をわかりやすく解説。

橋本 達広 著

2021/9発売　6797-7　A5判並製 178頁 2,200円

はじめて株式評価を行う税理士のための
非上場株式の評価に係る資料の収集と分析

中小企業の自社株評価実務における資料収集とその分析のアプローチ方法を基礎から解説。株式評価を依頼されたらはじめに読む。

木村 英幸 著

2021/9発売　6699-4　A5判並製 136頁 2,200円

税理士のスキルアップ民商法
―ひとまず読みたい実践の書―

2021/7発売
6807-3

民法と商法・会社法の基本的な問題からハイレベルな議論まで解説。コンパクトでも充実した内容の実務に役立つ書。

山下 眞弘 著

A5判並製 176頁 1,980円

理論と実例から導き出す
税理士懲戒処分の考え方と予防策

2021/7発売

税理士専門官である著者が、日々の業務に潜む税理士法違反のリスク、懲戒勧告を受けた場合の対応などを解説。

喜屋武 博一 著

6790-8　A5判並製 244頁 2,860円

うことです。ものすごく単純な話でがっかりされたかもしれませんが、誰にでもできるこの方法こそ、地道に確実にお金を貯めていく奥義ともいえます。

では、自分の収入のうちいくらくらいを先取り貯金すればいいのでしょうか。その目安は、2・6・2の法則で考えていきましょう。収入の2割を貯金に、6割を生活費に、残り2割を自己投資に回すという法則です。貯金のことだけでなく生活費と自己投資費とのバランスを考えることができるので、自分の家計を考えるうえでとても参考になる割合です。みなさんの月収を思い浮かべてください。そこから2割を貯金に回せそうでしょうか？　また、生活費は6割でおさまっているでしょうか？　ちゃんと2割は自己投資へ回していますか？　一度、何にどれだけ使っているのかを整理して、この法則から外れている場合は、調整することをおすすめします。もし、2割を貯蓄することが難しい場合は、ひとまず1割を目指して組み立ててみましょう。

自己投資については、自分の年収を上げるための行動と考えておけばいいと思います。読書をして知識を得る、資格を取得して自分の市場価値を高める、ジムに通って健康に働ける体作りをするｅｔｃ…、どのようなことでも構いませんが、きちんと目的を持って行動した方が効果は高まります。

収入の2割を貯金に回すとなると、支出を見直さないといけないという方もいると思います。その際には、ぜひ〝大きな支出〟から見直してください。特に、「固定費」は支出の中で大きな割合を占めますので、ここから見直していきましょう。

まず、固定費の中でも大きなものに住居費が挙げられます。賃貸住宅にお住まいであれば家賃、マイホームを買っている人は住宅ローンの返済額です。次に、生命保険などの保険料です。その他、車の維持費や、携帯電話の通信費なども見直しの対象とします。

家賃の見直しを考えるとき、引っ越し代がかかるからすぐには実行できない、かえって支出が増えるので余裕がなくなる、と考える方もいるでしょう。しかし、ここは落ち着いて次のように考えてみてください。「引っ越し代＜家賃の削減額 × ◯か月」という式を作って、◯がどれくらい後にやってくるかを考えてみるのです。引っ越し代30万円をかけて、月の家賃を1・5万円削減できるとすると、◯には21という数字が入り、21か月目からは使った引っ越し代よりも、節約した家賃が上回ることになります。21か月目から半年間で、そのまま住み続けるよりも9万円多くお金が残るという計算です。もちろん、住むところは生活の中心になりますから、通勤の都合や安心して暮らせる生活環境など、経済的な理由だけで決めるべきではありません。しかし、このような「投資的な考え方」をすることが重要なのです。

特売のチラシを見て、最寄りのスーパーより卵が50円も安い！　と言って自転車を走らせても、節約できる金額はたったの50円です。しかも、スーパーが少し遠くにあるとしたら、そこにたどり着くまでに時間を使うわけですから、むしろ赤字だとも考えられます。また、お小遣いや食費を削ったとして、いくら節約できるでしょうか。もちろん、ある程度の節約の意識や我慢は必要だと思いますが、あまりに節約のことばかり考えて細かいところに目を向けていては、日々の生活が息苦しくなってしまいますし、長続きしません。だからこそ、節約は「大きな支出」を優先的に対象とすることが重要です。

■ポイント

▼ 先取り貯金でお金を貯める。

▼ 2・6・2の法則で収入を分配する。

▼ 「大きな支出」から優先的に見直す。

2 財形貯蓄制度を活用する

財形貯蓄制度は、先取り貯金を手助けしてくれる制度として活用できます。簡単に言えば、会社が、給料から貯蓄分を天引きしてくれる制度です。天引きした金額は提携している金融機関に預けてくれますので、自動的に貯金ができるわけです。

財形貯蓄制度には、「一般財形貯蓄」「財形住宅貯蓄」「財形年金貯蓄」の3種類があります。一般財形貯蓄は、単に会社を通して自動的に貯蓄するだけですが、財形住宅貯蓄や財形年金貯蓄は、一定の目的のために使うのであれば、貯めた金額のうち550万円までにかかる利子が非課税になります。金融機関にお金を預けていると利子がつきますが、この利子も収入になるので、通常は税の対象となるのです。その点を非課税にすることができる点は、メリットとして挙げられます。

また、財形住宅貯蓄をしている人向けに、「財形住宅融資」という住宅ローンを用意している金融機関があります。金利が優遇されたり、財形住宅貯蓄額の10倍程度まで住宅ローンを組めたりと、メリットがある場合もありますので、いずれ家を買いたいという方にとっては、この制度を使って貯金するのもひとつの手段でしょう。

これらのメリットですが、実は本書を執筆している2020年7月時点で考えてみると、あまりメリットとはいえないのが現状です。なぜなら、550万円までにかかる利子は非課税ですといわれても、超低金利の時代ですから、受け取れる利子は雀の涙です。定期預金ですら0・01％程度の利子しかつかない状況ですから、その少ない利子にかかる税金がなくなるといわれても、金額にしてみればたかが知れているわけです。住宅ローンにおいても全体的に金利は低くなっていますし、実店舗を持たないネット銀行や、ショッピングモールや携帯電話事業などを本業とする会社が住宅ローン事業に参入したりしていて、選択肢はたくさんある状況です。そう考えると、いまの時点では、あえて財形貯蓄制度を使って住宅を購入する必要性は高くないといえるでしょう。

やはり、財形貯蓄制度のメリットは、先取り貯金が自動的にできるということです。受け取ったお金を自分で貯蓄に回すより、はじめから貯蓄分は受け取らない方が確実性は高いですし、手間もかかりません。解約して引き出すときには、会社にそのことを伝えなければなりませんので、解約への抑止力にもなります（お金が足りないと思われるかも……と考えたら嫌ですよね?）。貯金が苦手と思っている方は、お勤め先にこの制度があるようでしたら、利用を検討してみてはいかがでしょうか。

■ポイント

▼財形貯蓄制度は先取り貯金をサポートしてくれる。

3 口座は4つで管理しよう

みなさんは、金融機関の口座をいくつお持ちですか？　複数お持ちの方は、それぞれの口座にどのような役割を持たせているでしょうか？　ここでは、お金の管理テクニックとして、4つの口座を持ち、それぞれに明確な役割を持たせる方法をご紹介します。4つの口座とは、

① 生活費の口座
② 突発的な支出に備えるための口座
③ 貯蓄のための口座
④ 投資のための口座

です。それでは、一つずつ順番にみていきます。

①生活費のための口座

この口座は、給与の振込口座に指定します。会社で金融機関が指定されている場合は、その口座をそのまま利用しましょう。給料が入ってきたら、２・６・２の法則にしたがって、２割に相当する金額を貯蓄のための口座に移し、残った金額でやりくりしていきます。

②突発的支出（予備費）に備えるための口座

年間を通して、家賃や食費など普段の生活にかかる費用のほかにも、特別に支出するものがあると思います。たとえば、お正月のお年玉、自動車税、固定資産税などの税、結婚式のご祝儀、お中元やお歳暮にかかる費用などです。人にもよりますが、年間で50万円くらいは用意しておいた方がいいでしょう。こういった費用はあらかじめ準備しておかないと、急にやりくりするのは大変です。備えがなかったとしても、必要なときには支払わなければならないわけですから、ひとまずクレジットカードのキャッシングで乗り切るといった選択肢しかなくなり、余計な利息を払うことになってしまいます。最悪のケースでは、徐々に借金が膨らむ原因となり、気づけば貯蓄どころか多額の借金を抱えているということにもなりかねません。例年の生活を振り返ってみて、年間でだいたいいくらくらい準備しておけばいいかを計算しておき、毎月の給与から積み立てたり、ボーナスで一定の金額を確保してこの口座へ入れておくようにしましょう。

③貯蓄のための口座

その名のとおり、貯蓄しておくお金を入れる専用口座です。生活費などと貯蓄が混ざってしまうと、実際にいくら貯まっているかが曖昧になってしまいます。きちんと目標金額を定めて、専用口座で管理していきましょう。

④投資のための口座

これまでもお話してきましたが、お金がお金を生む仕組みを作るため、お金は資産の購入に使うべきです。この点は、第6章の「お金の増やし方」でさらに詳しくご説明します。お金を増やしたければ、株や投資信託、不動産などへ投資していく必要がありますから、まずは貯金からはじめて、50万円、100万円というまとまった単位でお金が貯まったら、この投資用口座に移して、何に投資するかを吟味していきます。

■ポイント

▼生活費、予備費、貯蓄、投資、それぞれ専用の口座で管理する。

4 現状を把握するための2つのツール

みなさんは、家計簿をつけていますか？　お金を貯めていくための２・６・２の法則を実行していくためにも、自分がいくら稼いでいて、何にいくら使っているのかを把握することはとても大切です。現状が把握できたら、目標の貯蓄額や支出の中で改善すべきところ、予備費の目標額、貯まったお金で投資するタイミングなど、将来へ向けた計画を立てることができます。そして、家計簿とは別に、財産の一覧表を作ってみることをおすすめします。会社では、家計簿は「損益計算書」、財産の一覧表は「貸借対照表」と呼ばれていて、どの会社でも必ず作られる書類です。この２つは、自分のお金に関する成績表や通信簿ともいえるものですから、現状に合わせて定期的に作り直しながら、自分の計画（ライフプラン）が予定どおりゴールに向かっているかを確認しながら生活していきましょう。

【事例1】

Aさん　40代男性　月収40万円

配偶者　30代　月収8万円（パート）

二人の合計月収　48万円

・住まいは賃貸のマンションで家賃は12万円／月

・幼稚園と小学生の2人の子供がいる

・教育費に毎月約8万円かかっている

・食費、光熱費、交際費用などが毎月16万円かかっている

・生命保険と学資保険に加入している（解約返戻金10万円）

・貯金は300万円

・金融資産なし

【事例2】

Bさん　30代男性　月収70万円
配偶者　20代　月収0万円（専業主婦）
・2人の合計月収　70万円
・今年、頭金として500万円を支払い、4500万の一軒家を35年のローンで購入。
・保育園に通う子供が1人いる
・教育費に毎月4万円かかっている
・生命保険と学資保険に加入している（解約返戻金10万円）
・車のローンが100万円残っている
・貯金は50万円
・マイホームの頭金と結婚資金として父親から700万円を借りている（父親からの借金は現在は返済していない）
・金融資産なし

ここで、家計簿（損益計算書）と財産の一覧表（貸借対照表）を作ってみます（図9）。

①家計簿（損益計算書）

家計簿は、単純に「入ってくるお金と出ていくお金」を確認するものです。毎月の給与や児童手当などの収入と、家賃や交通費、教育費、保険料、食費などの支出がどういうバランスになっているかを見ていきます。とても簡単な話で、収入が支出より多ければ、お金は増えていきます。反対に支出が収入を上回ってしまえば、貯蓄を切り崩すなどしてお金は減っていきますから、改善が必要です。収入を急に増やすことは難しいと思いますから、2・6・2の法則に近づけられるように、まずは大きな支出から見直していきましょう。

さて、Aさん、Bさんの家計簿が次のとおりだったとします。

（Aさん）
収入：月収48万円
支出：36万円
（Bさん）

図9

【Aさん】貸借対照表

〈資産〉		〈負債〉	
			0万円
貯金	300万円		
保険	10万円		
		純資産	310万円
	310万円		310万円

損益計算書

Aさん収入	40万円
奥さん収入	8万円
収入合計	48万円
家賃	12万円
食費	7.2万円
教育	8万円
その他（衣類・光熱・雑費等）	8.8万円
支出合計	36万円
収支	12万円

【Bさん】貸借対照表

〈資産〉		〈負債〉	
貯金	50万円	住宅ローン	4,000万円
マイホーム	4,500万円	車ローン	100万円
保険	10万円	父親からの借金	700万円
車	100万円		
		純資産	▲140万円
	4,660万円		4,660万円

※両親からの借金は返済していない

損益計算書

Bさん収入	70万円
奥さん収入	0万円
収入合計	70万円
ローン返済	22万円
食費	5.4万円
教育	4万円
その他	6.6万円
支出合計	38万円
収支	32万円

収入：月収70万円
支出：38万円

どちらの家計も、損益計算書を見るかぎり黒字です。しかし、この段階では、どちらの方が良い状況にあるのかはわかりません。その点を判断するために、財産の一覧表（貸借対照表）も見てみましょう。

②財産の一覧表（貸借対照表）

貸借対照表は、左側と右上・右下の三つに分かれています（図9）。左側には資産、右上には負債、そして右下には資産から負債を引いた「純資産」が記載され、家計の資産と負債の状況を把握することができます。財産の一覧表といっていますが、負債も記載していきます。

それでは、Aさん、Bさんでは、何が資産で、何が負債なのかを考えていきましょう。ここで一つ注意点があります。お金の考え方では、資産はお金を生むもの、負債は支出を生むものと定義してきましたが、今回のように帳簿をつけるときには、日常的に用いている言葉のとおりに考えます。つまり、帳簿のうえでは、家は資産と考えてください。資産として考えられるものの例としては、現金、預金、株式、マイホーム、投資用不動産、年金、保険、自動車などが挙げられます。また、負債としては、クレジットカードのローン、住宅ローン、自動車ローンなど返済しないといけないもの（借金）を記載していきます。

（Aさん）
資産：現金・貯金・生命保険（解約辺戻金）
負債：なし

（Bさん）
資産：現金・貯金・家・車・生命保険（解約辺戻金）
負債：住宅ローン、車のローン

Bさんには、家や車といった大きな資産がありますが、それに対して住宅ローン、車のローンという大きな負債もあります。こうして資産と負債を比べていく中で、資産から負債を引いて残った純資産がマイナスになるようであれば、家計の安定性は低い状態だと考えられます。

仮に、現時点では毎月の家計収支が黒字で、日々の生活やローンの返済が問題なくできていたとしても、急な病気や怪我で仕事ができなくなったり、リーマンショックのような経済全体へ打撃を与えることが起こり、自分の収入が減ってしまうというリスクは常にあるからです。そういったリスクに備えるためには、純資産を増やしていくことが重要なのです。

Aさん、Bさんは、家計簿を見るかぎりでは、どちらも黒字で問題なく日々の生活を送っていそうです。しかし、Bさんには、住宅ローンや車のローン、父親からの借入という負債があり、純資産がマイナスとなっています。つまり、現時点ではAさんの方が安定した家計を保っているといえます。ただしBさんは年収が高いので、順調にローンを返していき、しっかりと貯蓄を増やし、適切な投資によってお金を増やしていくことができれば、純資産の状況は改善されていくはずです。重要なことは、これからやってくるさまざまな人生のステージを考えて、どのように純資産の数字を増やしていくかということです。

最後に、家計簿をつけるときには、スマートフォンで使えるアプリをおすすめします。クレジットカードや銀行口座、携帯電話の利用料や各種のポイントまで、さまざまな連携ができるようになっており、登録しておけばアプリが自動的にデータを集めて家計簿を作成してくれます。紙で家計簿をつけるより遥かに楽ですし、外出先でもすぐに確認できますから、「家計簿をつけようとしたことがあるけど、長続きしなかった……」という方は、ぜひ使ってみてください。私も、ある家計簿アプリを使っていて、大変重宝しています。

■ポイント

▼家計簿と財産の一覧表を作成して、3か月に一度は更新する。

▼月々の収支を改善し、純資産を増やすことに注力する。

第5章

お金の使い方

1 消費・浪費・投資の違い

この章では、お金の使い方について考えていきます。使い方ということは、お金が出ていく場面であり、支出について考えるということです。そして、支出は「消費」「浪費」「投資」の3つに分類されます。

①消費

言葉の意味としては、お金を払って何かに換えるということですが、ここでは「必要なものにお金を支払うこと」と考えます。食費や家賃、交通費を払うことが消費に分類されます。支払ったお金によって、必要な物やサービスを手に入れます。

②浪費

いわゆる無駄遣いです。本当は必要ないのに衝動買いしてしまったときの支出や、ギャンブルで使ってしまった支出です。

③投資

支払うことによって、利益を生むことが期待される支出であり、支払った金額以上の収入を見込みます。投資信託、株式などの金融資産や不動産を買うことは、投資に該当します。また、自己投資というお話をしましたが、自分の成長のために書籍を買ったり、セミナーを受講したりすることも投資に分類されます。

当然ですが、浪費は正しい支出とはいえません。浪費することで、貯蓄をしたり、投資に回すことができたお金が自分の元から去っていきます。つまり、お金を増やすチャンスを失っているのです。いくらお金を増やしたいと思っても、生きていくうえで支出は避けられませんから、支出には優先順位をつけてください。不要な物への支出を減らして、必要なものや、お金を増やすための支出を優先していくのです。もちろん、たまに浪費することがストレス発散に繋がることもあるでしょうから、すべてが悪いとは言いません。しかし、ついつい浪費してしまうという状況ではなく、自分でコントロールできる範囲で行うようにしましょう。仕事のストレスで精神的に疲れてしまったとき、「今日は3万円まで、何も考えずに使ってしまおう」と決めて、思いっきり買い物を楽しんでもいいですし、美味しいものを食べたりするのもいいでしょう。お金は、楽しく豊かな人生を送るために増やしていくわけですから、そのためにずっと我慢ばかりしていては、本末転倒です。重要なのは、正しいお金の知識を持ち、浪費してしまえばお金を増やすチャンスを失うということをわかったうえで、自分の楽しみや精神的な満足感のために、支出するということです。

浪費を減らして余力を作ることができたら、その分は投資に回していきます。支出の内訳は消費、浪費、投資を6：2：2の割合にすると良いでしょう（またもや2・6・2の法則と同じ割合です！）。しかし、この割合は、みなさんの収入や生活パターン、今後のライフプランに合わせて適切なバランスを見つけていってください。いますぐ投資に2割も使えないという人は、家計簿の状況を見ながら、調整できるポイントを見つけていきます。自分が使っているお金が「消費」なのか、「浪費」なのか、あるいは「投資」なのかを理解したうえで、効果的にお金を使っていきましょう。

■ポイント

▼ 支出の理想は、消費6割・浪費2割・投資2割。なるべくここに近づけるよう努力する。

2 マイホームvs賃貸住宅

人生の中で、大きな支出の代表格は次の3つです。

① 住宅の購入費
② 教育費
③ 老後の生活費

まずは、答えの出ない永遠の論争ともいわれる「マイホームvs賃貸住宅」について考えていきましょう。こう言ってしまうと元も子もないのですが、結論としては、各自の価値観や、収入、家族の状況、生活スタイル、居住地域など、さまざまな条件によって総合的に判断するしかありません。

しかし、本書では、あえてお金について考えた場合の結論を出してみます。ずばり、現代においては、賃貸住宅の方が優位であるといえます。では、これがなぜなのかを解き明かしていきます。

理由① 加速していく世情の変化

インターネットの普及などにより、情報化社会へと変貌を遂げた現代では、世の中が変化するスピードがどんどん早まっています。一方で、多くの人は、家を買う場合に35年程度の期間で返済する住宅ローンを組みます。しかし、いまと同じ生活を35年間も維持できる保証はどこにもありません。みなさんは、これからの35年間を正確に予測できる自信がありますか？ 実際に、10年前にいまの状況を予想できていたかを考えてみると、私にとっては全く予想外の世界が広がっています。たとえば、10年前に発売されたＡｐｐｌｅ社のスマートフォンは「ｉＰｈｏｎｅ３ＧＳ」です。いまでも覚えているのですが、ようやく人々がスマートフォンを手にし始めていたころで、私がこのスマートフォンを手にした時、周囲の人々が物珍しそうに話しかけてきたものです。２０２０年の現在ではどうでしょうか。スマートフォンはみんなが当たり前に持っているもので、だれも珍しがったりすることはありません。そして、いま手にしているスマートフォンは、10年前の機種とは比べ物にならないくらい高性能で便利になっています。では、これから先の世界では、もう大きな変化は起きない、または起きるとしてもここからはスピードダウンしていく、と考えている方はいるでしょうか？　おそらく、ほとんどの人が「もっと早くなっていく」と感じていると思います。そうであるならば、35年という長い期間、予測できない世界で返済を続けなければならないということはリスクが高いと考えることができます。それよりも、状況に合わせて住替えができる賃貸住宅に住んでいた方が、安全なのではないでしょうか。

理由②　終身雇用制の崩壊

従来の日本企業にあった「終身雇用」という考え方は、すでに過去のものとなってしまいました。少し前に、コンビニ業界の早期退職が話題となりましたが、今後もこういった早期退職を募る企業は出てくると思います。35年間ローンを返済し続けるためには安定した収入が必要ですが、いま勤めている企業に定年まで雇用されているという保証は、もはやないと考えるべきです。つまり、雇用という観点からも、理由①と同じように長期の返済を前提とする住宅ローンよりも、状況によって変化しやすい賃貸住宅に軍配が上がるといえるのです。

理由③　住宅の「真の」価値がわからない

住宅を3000万円で買うときには、普通はその住宅に3000万円の価値があると考えているはずです。では、モノの値段とはどのように決まるのでしょうか。そのモノを作るためにかかったコスト、輸送するコスト、広告宣伝費、人件費、売り手の利益、需要と供給のバランス、実にさまざまな要因でモノの値段は決まっています。これは、住宅でも同じことで、その住宅を販売するまでにかかったコストと売り手の利益が確保されたうえで値段が決まっています。特に新築物件については、「新築プレミアム」という言葉があるほどで、中古物件に比べても広告宣伝費、営業担当者の人件費やモデルルームのコストなど、計上するものが多くなりますから、20%ほど値段が高くなる傾向にあるといわれています。

こういった値段のからくりは、日常的に買っているものだと、すぐにおかしいと気づきます。ペットボトルの水が1本500円といわれたら、多くの人は高いと感じるでしょう。何か、特別な理由がないかぎり、その水を買おうとは思わないはずです。しかし、住宅のように、一生に一度の買い物といえるほど高額なものに対しては、(その道のプロの方は別として)購入する際の経験値が低く、モノと値段の関係を正確に測るのが難しいのです。そうすると、住宅を買うという行為は、大変高額な買い物であるにもかかわらず、適正な価格がわからないままに購入するかどうかを判断する行為ともいえます。そのようなリスクを背負うよりは、賃貸住宅に住む方が遥かに安全と考えられるのではないでしょうか。

理由④　住宅ローンの金利

仮に、3000万円の住宅を全額住宅ローンで買うとしたら、1%の金利であっても、手数料と金利を合わせると総額で3500万円強の返済をすることになります。簡単に言えば、3000万円で買えるものを3500万円以上払って買うわけですから、500万円以上のお金を損しているという見方もできます。みなさんは、500万円あったら何に使いますか？　500万円貯金するのは、簡単だと思いますか？　そう考えると、現金で買うならまだしも、住宅ローンの金利を払うくらいなら、賃貸住宅に住んでいた方がいいと考える方もいるのではないでしょうか。ただし、すでにご紹介したように住宅ローン控除という制度がありますから、きちんと確定申告をして減税の対象となれば、このデメリットは少し減らせるともいえます。

以上、現代においては、賃貸住宅に住んでいた方がよい、という4つの理由をご説明しました。お読みになってみて、どう感じましたか？　何度も申し上げますが、住宅を買うときには、「家族のために安心して住める場所を作りたい」「子どもが大きくなったときに帰ってくるための家を持っておきたい」といった人それぞれの想いもありますし、マイホームを完全に否定しているわけでは決してありません。

ここでマイホームの購入を検討されている方のために、ちょっとしたアドバイスをしたいと思います。理由③でご説明したように、住宅の適正価格はわかりにくいと思いますが、「人に貸した場合の家賃×200倍を超えているかどうか」という簡易的な目安を持っておくとよいと思います。つまり、購入したマイホームをそのまま人に貸すとしたら、月にいくらくらいの家賃収入を得られるかを見積もり、それを200倍した金額よりも安い値段になっていれば、割安な買い物と考える方法です。

これは、購入しようとしている住宅を、人に貸す「投資物件」と仮定して、もしこの家に投資するとしたら得をしそうかどうかという観点で考えています。３０００万円を投資してこの不動産を購入し人に貸した場合、１年間でどれだけの収入が得られるかという点を考えるのです。これを「利回り」といいます。たとえば、この物件を月の家賃10万円で貸したとすると、年間１２０万円の収入があります。そうすると、この物件の利回りは（１２０万円÷３０００万円）×１００＝４％と計算されます。

当然、利回りは高ければ高いほどよい物件であるといえますが、概ね６％以上の利回りが確保できる不動産であれば、適正な値段で購入できていると考えられます。したがって、上記の例で考えると、利回りが６％を下回っているので、３０００万円では少々割高な買い物であると判断するのです。もし家賃を月15万円に設定しても借り手が見つかるような物件だったとしたらどうでしょうか？　年間の収入は１８０万円となりますから、利回りは６％です。そうすると、この値段なら検討する価値があると考えられます。先ほど申し上げた「家賃の２００倍」とは、この利回り６％のラインを見つけるための数字だったのです。ただし、これはあくまで、ごくごく簡易的な目安であり、不動産を購入すべきかどうかという判断は、本当にさまざまな要因を検討する必要がありますので、十分に注意してください。

最後に、賃貸住宅にお住まいの方にもアドバイスを。いま払っている家賃を、一度見直してみてください。一般的に、住居費は、収入の25％～30％以内に抑えるべきといわれています。自分の収入に対して家賃がこの割合を超えている場合は、引っ越して家賃を下げるのか、利便性などの条件を優先して、あえてそのまま住み続けるのかを、あらためて検討してみてくださ い。お金のことをきちんと考えるには、仮にいますぐ改善をしなくても「いまは少し高めの賃貸住宅に住んでいる」ということをわかっている、ということが重要なのです。

■ポイント

▼大きな変化が繰り返される現代では、賃貸住宅の方が柔軟に対応できる。
▼マイホームを買うときは、メリット・デメリットをしっかり理解しておく。
▼マイホームを買うときは、想定家賃200倍の法則を目安にしてみる。
▼住居費は収入の25％～30％が基準と理解しておく。

3 失敗しない住宅ローンの組み方

マイホームを買う際の住宅ローンは金額も大きく、返済期間も長いので、どの金融機関にするのか、変動金利にするのか固定金利にするのかなど、悩ましいポイントがいくつかあります。また、家を買うという気持ちが強く、欲しいと思った家を基準にして無理な住宅ローンを組んでしまっては家計が崩壊してしまいます。そうなってしまっては、何のために家を買ったのかわかりません。自分の気持ちを整理し、買いたいと思った家と家計のバランスをしっかりと見極めることが重要です。そこで、ここでは失敗しない住宅ローンの組み方について考えていきましょう。

住宅ローンを組む際に気をつけるべきポイントは、次の4つです。

① 頭金よりも生活資金の確保を優先する
② 金融機関は十分に比較検討する

③　返済ができるぎりぎりの金額で組まない

④　固定金利か変動金利かを見極める

①頭金よりも生活資金の確保を優先する

住宅ローンを組む際には、申込みをする金融機関から「10〜20％くらいは、頭金を入れてください」と言われることがあります。生活資金や予備費に余裕があればいいのですが、頭金を支払うことで、生活資金や予備費の予定が狂ってしまうようであれば、やめておくのが得策です。極端な例ですが、貯金が100万円しかないのに、頭金としてその100万円を支払ってしまうと、突発的な出費に耐えられなくなり、家計が非常に不安定になってしまいます。この点は、ここまで読み進めてこられたみなさんの「お金に対する知識」で十分にご判断いただけると思います。無理をして頭金を入れるような住宅ローンの組み方は、避けるようにしておきましょう。

では、頭金を支払った後に残る貯蓄が、いくらくらいだったら検討の価値があるのでしょうか。答えは、「月給の3か月分」です。月収30万円の人であれば、90万円の蓄えを最低ラインとして考えます。急に仕事ができなくなったりした場合、もちろん蓄えは多ければ多い方がいいのですが、ひとまず転職などのことを考慮して、最低でも3か月は耐えられる状態にしておくといいでしょう。

②金融機関は十分に比較検討する

住宅ローンは、金融機関によって、審査の内容や基準が違い、通りやすさも異なります。また、審査だけでなく金利などの融資条件も異なっていますので、各金融機関の特徴を捉えながら比較することが大事です。融資手数料ひとつとっても、金額に差があるどころか無料というところもあります。メガバンク、地方銀行、ネット銀行と色々な選択肢がありますので、どこが一番良い条件で利用できるのか、自分で比較してみましょう。

③返済ができるぎりぎりの金額で組まない

住宅ローンにかぎらず、お金を借りる際には、「借りられる金額と返せる金額は違う」ということを認識しなければなりません。第1章の事例でもご紹介しましたが、いまは返済できる金額であったとしても、住宅ローンを組んだ後の生活の変化によって、途端に返済が難しくなるということは、残念ながら数多く発生しているのです。収入の状況が多少変動しても返済していける金額にすることと、これからのライフプランに応じた返済計画を立てることが大事です。住宅ローンを借りられる目安は、会社員であれば年収の約7倍、自営業の人なら年収の約6倍といわれていますが、そのこととは別に、しっかりと返済のことを考えていきましょう。賃貸物件に住んでいる方であれば、いま支払っている家賃を目安に返済金額を考えていくといいと思います。

④固定金利か変動金利かを見極める

最後に、固定金利か変動金利のいずれを選択するかという点です。どちらがいいのかよく聞かれますが、ほとんどの人が変動金利を選択しているようです。その理由は、変動金利の方が目の前の金利が低いからです。しかし、超マイナス金利の影響もあり、住宅ローンの金利はかぎりなく0％に近づいていますので、今後、金利が上昇するリスクは高まるように思います。

もちろん、将来にわたって金利が上昇しなければ、変動金利の方が得をすることになります。仮に金利が上昇すれば、毎月の返済にも影響が出ますが、返済金額が急に上がるわけではありません。半年に一度行われる金利の見直しによって変更が生じた場合でも、返済金額が変わるのは5年後からと定められていますし、従前の支払額から125%以上は増額できないというルールもありますので、突発的に支出が増えるという事態にはなりません。しかし、金利が上がったことによって、支払総額が上がるという事実は変わりませんから、金利変動のリスクが全くないわけではありません。

一方で、固定金利は、目の前の金利は変動金利よりも高く設定されることが多いようですが、将来のキャッシュフローが読みやすいというメリットがあります。その名のとおり、金利が固定されているわけですから、月の支払金額も原則として変わらないのです。現在は全体的に金利が低く、固定金利を選択しても1%程度で組める状況ですから、変動金利よりも固定金利の方が有効な選択肢であるといえるでしょう。固定金利といえば、住宅金融支援機構（旧住宅金融公庫）の「フラット35」が有名ですが、35年間固定された金利で、最後までのキャッシュフローが読みやすいという点では、安心して利用できるのではないかと思います。

■ポイント

▼頭金を支払うことよりも、家計の安定性の方が重要。
▼銀行の融資条件を比較する。
▼ライフプランに合わせた返済計画を立てる。
▼全体的に金利が低いときには固定金利の方が有利と考えられる。

4 学費はいくら必要なのか？

子どもを一人育てるのに、何千万円もかかるということを聞いたことがありませんか？ このような金額を目の当たりにして「自分の収入では子どもは育てられない」「一人目は何とかなったとしても、二人目は無理かな……」と考える若者も多いそうです。では、幼稚園から高校卒業までの15年間では、どれくらいの学費がかかるのでしょうか。文部科学省が発表した、「平成30年度（2018年度）子供の学習費調査」の結果を見てみましょう（図10）。なお、この表に記載されているのは、あくまで「学習費」であり「養育費」は含まれていません。養育費とは、子どもの生活にかかる食費や医療費などの費用です。子どもを育てるのであれば、学費の他にこの養育費がかかるわけですが、本書では学費に着目して話を進めていきます。

公立、私立の別で合計を比較してみると、高校まですべて公立へ通った場合の学費は、約540万円です。これに対し、すべて私立へ通った場合は、約1830万円となっており、約

図 10　平成 30 年度（2018 年度）子供の学習費調査　（円）

区　分	幼稚園		小学校	
	公　立	私　立	公　立	私　立
学習費総額	① **223,647**	② **527,916**	③ **321,281**	④ **1,598,691**
公私比率	1	2.4	1	5.0
うち学校教育費	120,738	331,378	63,102	904,164
構成比（%）	54.0	62.8	19.6	56.6
公私比率	1	2.7	1	14.3
うち学校給食費	19,014	30,880	43,728	47,638
構成比（%）	8.5	5.8	13.6	3.0
公私比率	1	1.6	1	1.1
うち学校外活動費	83,895	165,658	214,451	646,889
構成比（%）	37.5	31.4	66.7	40.5
公私比率	1	2.0	1	3.0

区　分	中学校		高等学校（全日制）	
	公　立	私　立	公　立	私　立
学習費総額	⑤ **488,397**	⑥ **1,406,433**	⑦ **457,380**	⑧ **969,911**
公私比率	1	2.9	1	2.1
うち学校教育費	138,961	1,071,438	280,487	719,051
構成比（%）	28.5	76.2	61.3	74.1
公私比率	1	7.7	1	2.6
うち学校給食費	42,945	3,731	…	…
構成比（%）	8.8	0.3	…	…
公私比率	1	0.1	…	…
うち学校外活動費	306,491	331,264	176,893	250,860
構成比（%）	62.8	23.6	38.7	25.9
公私比率	1	1.1	1	1.4

（資料）文部科学省「平成 30 年度学校基本統計（学校基本調査報告書）

	幼稚園から高校まで公立	幼稚園から高校まで私立
幼稚園	①× 3 年間＝**670,941** 円	②× 3 年間＝**1,583,748** 円
小学校	③× 6 年間＝**1,927,686** 円	④× 6 年間＝**9,592,146** 円
中学校	⑤× 3 年間＝**1,465,191** 円	⑥× 3 年間＝**4,219,299** 円
高　校	⑦× 3 年間＝**1,372,140** 円	⑧× 3 年間＝**2,909,733** 円
合　計	**5,435,958** 円	**18,304,926** 円

3・38倍の開きがあります。つまり、子どもにどのような教育を受けさせたいかによって、準備すべきお金には大きく開きがあるのです。

小学校入学時には、ランドセルや学習机を購入する必要があり、上履きなど細々したものまで含めると出費が嵩みます。学費以外にも、塾に行かせたり、習い事をさせるのであれば、もちろんその費用もかかってきます。

中学生になると、部活動を始める場合があります。どのような部に入るかによっても変わりますが、必要な道具を揃えたり、場合によっては試合の遠征費といった出費もあるでしょう。育ち盛りの子どもたちは、食費も馬鹿になりません。そして、やはり中学生ともなればスマートフォン（家庭によっては小学生でも持っていますが……）を欲しがったり、ブランド物の服を欲しがったりと、ちょっと高額なものに目を向け始めます。どこまでを許すかは、それぞれの家庭次第ですが、小学生のころよりは、出費が増えると思っていた方がよいでしょう。

高校生の間は、概ね中学校の延長と考えてもよいと思いますが、卒業後に就職するのか、または進学するのかという大きな分かれ道が待っています。大学進学を目指す場合には、予備校に通う人も多いと思います。高校2年生から予備校に通った場合、少なくとも60万円程度の費用はかかると考えていた方がよいでしょう。

このように実にさまざまな費用がかかるのですが、高校を卒業するまでは、日頃の家計の中でやり繰りしていくことをおすすめします。その後に進学という道を選んだ場合に、支出は一つの山場を迎えますから、このときのために貯蓄しておくべきだからです。大学等の受験費用、入学費用だけでなく、場合によっては一人暮らしをするための引っ越し費用などが加算されます。一般的に、国公立の大学へ進学したとすると4年間の学費は約250万円、私立の場合は約350～450万円（いずれも医学部除く）かかります。

このような支出に備えて、貯蓄はあるに越したことはありませんが、子どもが18歳になるまでに、少なくとも300万円程度の貯金を目指したいところです。300万円の貯蓄を5年間で達成するとなると、毎月5万円を積み立てる必要があります。10年間だと半分の2万5000円、15年間だと1万7000円です。早く始めるに越したことはありませんので、お子さんがいらっしゃる家庭では、「大学入学時までに300万円」を一つの目安として、家計の状況を見直してみてください。

貯金が得意ではないという方には、次項でご説明する学資保険などをうまく利用して、自動的に貯金できる仕組みを作ることをおすすめします。

貯金が間に合わない、という方には日本政策金融公庫の「国の教育ローン」を利用する方法もあります。このローンは、親が返済することになりますが、最大で３５０万円（海外留学の場合では最大４５０万円）まで借りることができます。貯金をしつつ、足りない分を教育ローンや奨学金で補っていくという方法も視野にいれておきましょう。

■ポイント

▼学費として、大学入学までに３００万円の貯金を目指す。

5 貯金が苦手なら学資保険

お金を貯める方法としては、貯金が最もわかりやすい方法です。しかし、貯金にかぎられるわけではなく、保険を活用するのも一つの手です。前項でお話した学費の貯金300万円については、学資保険を利用してみてはいかがでしょうか。

学資保険は、「貯蓄型の生命保険」に分類されます。保険には、支払った保険料がすべて保険機能に使われる「掛け捨て型」と、保険料の一部が積み立てられ、もしものときの保険をかけながら貯金も兼ねることができる「貯蓄型」の2つがあります。学資保険は、後者ということになります。

保険を利用して貯蓄する方法には、保険料の支払いを口座からの引き落としにしておくことで、毎月自動的に貯蓄ができるというメリットがあります。また、契約者（＝親）が亡くなった場合には、基本的に保険料の支払いが免除され、満期になったらちゃんと学資金を受け取ることができます。保険会社の商品によっては、払い込んだ保険料よりも多くの学資金を受け取ることができるものがありますので、各社の商品を比較してみるとよいでしょう。

ただし、もし満期を迎える前に解約した場合には、それまでに払い込んだ保険料よりも少ない金額しか戻ってこない「元本割れ」のリスクがありますから注意してください。貯金と違って、積み立てたお金を自由に引き出す落とすことはできませんから、どうしてもお金が足りなくなったときには、保険を解約するしかなくなってしまうのです。

学資保険は、できれば払い込んだ保険料より多くの学資金が受け取れる商品を選び、家計を圧迫しすぎない程度の保険料を設定して契約するとよいでしょう。お子さんがいる以上、学費は必ずかかるものですから、学資保険を活用して備えておくことは、とても良い選択肢であるといえます。学資の積立てが目的の保険商品ですから、その他の金融商品に比べて大きな利回りは見込めませんが、その分リスクが少なく着実にお金を貯めていけるという、とてもいい方法だと思います。

■ポイント

▼他の金融商品に比べて利回りは低いけれど、堅実に学費を貯めることができる。

6 実際のところ、老後の生活費はいくら必要？

人生における大きな支出の三つ目は、老後の生活費です。最近では各種のメディアで「人生100年時代」という言葉をよく見かけます。医療が発達し、生活水準が高くなっていることで、人の寿命は100歳を視野に入れるまでに延びているのです。老後の資金については、さまざまな議論がなされていますが、金融庁は約2000万円と試算しています。

図11のとおり、総務省統計局の調査によると、高齢夫婦の平均月収は約22・2万円です。これに対して、支出は約26・4万円となっており、実は毎月4・2万円の赤字なのです。仮に、この赤字が65歳から90歳まで続いていくと考えると、4・2万円×25年間＝1260万円が不足することになります。

この他に、介護費用の問題もあります。平均すると一人あたり500万円程度かかるといわれていますので（注1）、夫婦で合わせると総額で約1000万円の準備が必要です。葬儀費

図11　高齢無職世帯の家計収支（2018年）　※夫婦の場合

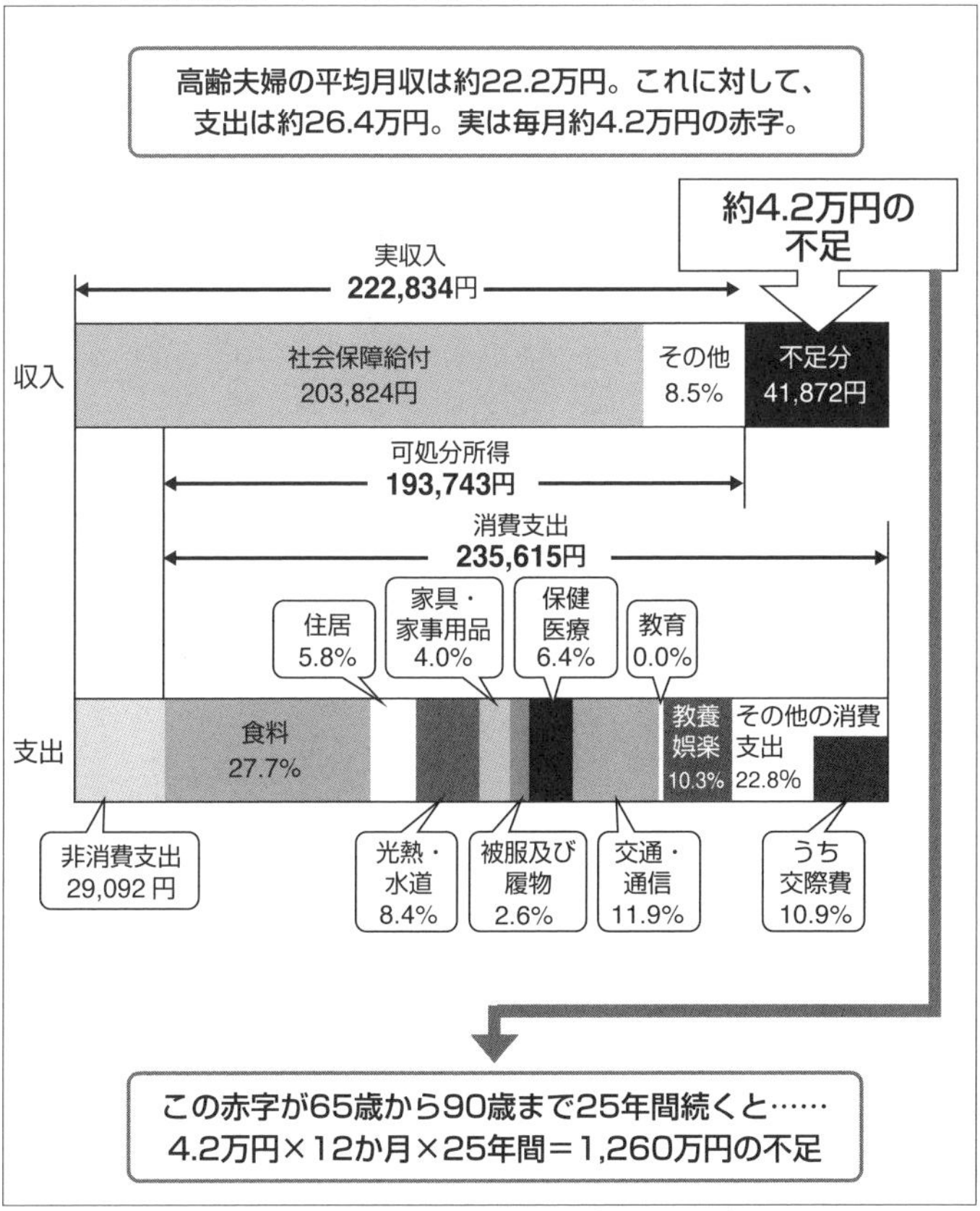

（出典）総務省統計局　家計調査　2018年（平成30年）
https://www.e-stat.go.jp

用については、一人あたり２００万円程度あればよいと思いますので二人合わせて４００万円。これらを合計すると夫婦世帯に必要な老後資金は、25年間で約２６６０万円となります。

次に、単身世帯について見てみましょう。毎月の平均収入は約12・３万円、そのうち11・５万円を社会保障給付（年金など）が占めています。支出の平均は、毎月約16・２万円です。こちらも毎月約３・９万円の赤字で、25年間で試算すると１１７０万円が不足することになります。介護費用、葬儀費用と合わせると、25年間で準備すべきお金は約１８７０万円ということになります。

これらの数字は、あくまで「平均値」を基に計算していますので、人によって大きく前後するはずです。近年では、高齢者の雇用も進んできましたので、何歳まで働くのかによって収入の状況は大きく変わります。また、年金がいまと同じだけもらえるという想定で考えてよいのかという問題もあります。支出については、孫が大学に入るときには援助したい、仕事を引退したら旅行に行きたいといった計画があれば、それも加味する必要があります。つまり、こういった情報に、自分自身の生活状況や将来のビジョンを重ね合わせて、「自分の老後」を想定

注1）出典：生命保険文化センター「平成27年度　生命保険に関する全国実態調査」

図12　高齢無職世帯の家計収支（2018年）　※単身世帯の場合

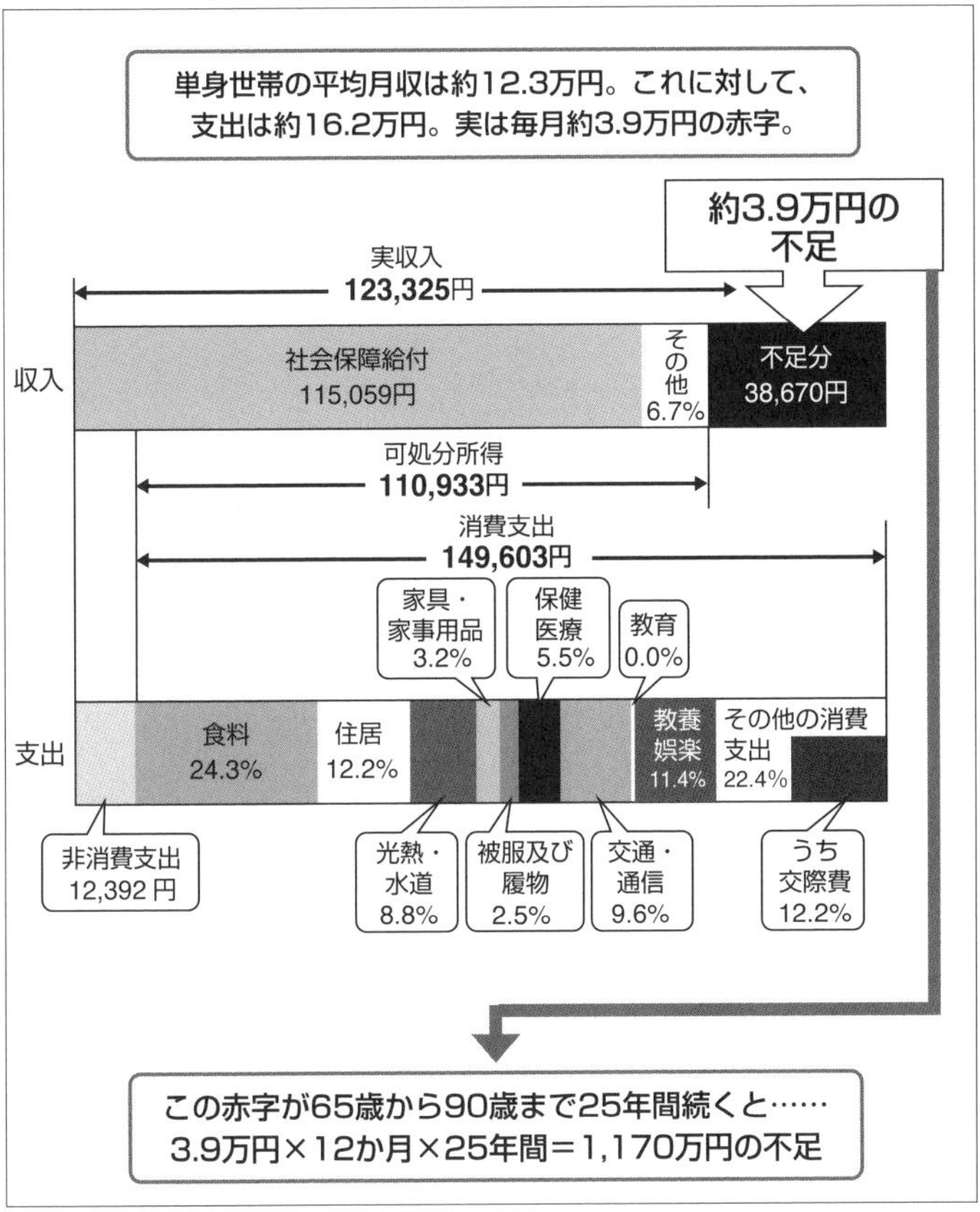

（出典）総務省統計局　家計調査　2018年（平成30年）
https://www.e-stat.go.jp

しておくことが大事なのです。

では、老後の資金として必要な金額を、どのように準備するのかということを考えていきましょう。若いうちからコツコツと貯金していくということも重要ですが、貯金と合わせて実行したい4つの方法をご紹介します。

① 固定費の見直し
② 保険
③ 確定拠出年金（iDeCo）
④ 積立投資

固定費の見直しについては、すでに何度が触れてきました。大きな支出から見ていくという原則に基づいて、住居費を見直し、保険、自動車、通信費など毎月一定の金額を支払っているものを節約できれば、長い目で見て大きな効果が得られます。光熱費についても、電力自由化が始まっていますので、たとえば、携帯電話と電気の契約を同じ会社にしてコストカットを検討する、といった方法もあるでしょう。

保険については、「低解約返戻金型終身保険」や「個人年金保険」、「外貨建て保険」などをうまく組み合わせていくとよいでしょう。私も、これらの保険に加入して積立てをしています。保険は、本当にさまざまな契約がありますから、加入する目的や支払える保険料の金額などを総合的に判断して、上手に組み合わせていくのがポイントです。自分自身で詳細に比較し、最適なプランを組み立てるのは難しいと思いますので、信頼できるプロにご相談されることをおすすめします（自分が売りたい商品だけを勧めてくる営業の方もいますので注意してください）。確定拠出年金と積立投資については、次の章でご説明します。ご年齢にもよりますが、ご自身が老後を迎えるまでには一定の年数があると思います。つまり、資金を準備する期間が一定の年数あるわけですから、あせらず確実に、コツコツと取り組んでいくことが重要です。

■ポイント

▼老後資金の目安　夫婦世帯：約２６６０万、単身世帯：約１８７０万円

▼貯金だけでなく、固定費の見直し、保険、確定拠出年金、積立投資を活用する。

7 保険に対する考え方

固定費を見直すということは、お金を貯めるためにも非常に重要だということは、すでに何度も申し上げてきました。ここでは、固定費の中でも保険に注目して話を進めていきます。「日本人は保険が大好き」といわれるほど、多くの人がいくつもの保険に入っています。保険は、人生において住宅の次に大きな買い物ともいわれます。なぜなら、月々の保険料は高額ではなくても、長い年月をかけて支払う総額は非常に大きな金額になっているからです。

では、そのように高額な保険に、どうしてみんな加入しているのでしょうか？　本当は、もしものときの備えとして、また貯蓄の目的で加入するべきものです。しかし、保険の営業担当者や取引先との付き合いで入っている保険も数多くあり、保険は「GNP（義理・人情・プレゼント）」で契約する、なんていう言葉まで生まれる始末です。みなさんの大事なお金を、しかも高額に費やすものですから、自分にとって本当に必要な保険に加入すべきです。

では、保険が必要な人とは、どのような人でしょうか。万が一の備えという意味では、「もしものことがあったときに困る人」であると言えます。極端な話ですが、「世界でも有数のお金持ちであるビル・ゲイツ氏は、生命保険に入る必要があるのか」と言われれば、その答えはノーでしょう。もし、自分が急に亡くなったり、病気で働けなくなったとしても、家族が十分な余裕を持って暮らせるだけの貯蓄があるのであれば、保険で備える必要はないはずです。しかし、それだけの備えを作っていくのは、容易なことではありません。そういった意味で、保険はとても役立つ存在なのです。

保険は貯金と違って、いますぐお金が必要というときに引き出したりできるものではありません。したがって、保険に加入していたとしても、ある程度はすぐに使えるお金を用意しておく必要があります。したがって、保険料の支払いに精一杯で、貯蓄することができない、という状況は決して良い状況とはいえません。その2つをバランスよく備えることが重要ですから、いまの自分にとって、保険と貯蓄のバランスが保てているかは、定期的に見直していただきたいと思います。さまざまな保険に加入していて、自分がどういう内容で契約したのか覚えていない、という方もたくさんいますので、本書をお読みいただいたことを良い機会として、ぜひ一度、保険契約の棚卸しをしてみてください。

住宅ローンを組んでいる方の多くは、「団体信用生命保険」という保険に加入されています。この保険は、本人が亡くなった場合、残った住宅ローンの支払いが免除されるというものです。遺された家族は、住宅ローンの返済をすることなく、いまの家に住み続けられるわけですから、その点も考えて他の保険を組み立てていくべきです。

また、貯蓄目的で加入する「積立て型」の保険については、自分でお金をコントロールして貯金していくよりも、引き落とされる保険料が自動的に積み立てられていくという方法が確実だと考える方には、向いている商品だといえます。しかし、私は、もしものときに備える「掛け捨て型」の保険だけで、十分ではないかと考えています。保険はあくまで「備え」として活用して、お金を貯めていく、増やしていくのは、貯金やその他の運用で取り組むべきだと考えているからです。お金を増やすという目的なのであれば、保険よりも利回りがいい商品が他にもあるため、そちらを選択する方が良い選択といえるのではないでしょうか。また、掛け捨て型の保険は保険料が安いものが多く、目の前の家計を改善するためには、有効な選択肢となるのです。

金融機関によってさまざまな住宅ローン商品があるように、保険も、保険会社によってさまざまな商品が用意されています。どの保険が一番いいというものではなく、ご家族の将来や家計の状況、何よりみなさんの「お金に対する考え方」によって、自分に合った保険を選ぶことが大事です。また、保険に加入した後は、定期的に見直すことが重要です。ライフステージによっても必要な保険は変化していきますから、ぜひ「どんな保険に入っているか自分でもわからない」といったことにならないよう、十分に注意してください。

■ポイント

▼自分のライフプランに合わせて、本当に必要な保険に入る。

▼定期的に契約を見直すことが重要。

8 保険の種類

保険についての考え方をお伝えしてきましたが、ここからは具体的にどのような保険があるのかを見ていきましょう。保険は、大まかに分けると「生命保険」「損害保険」「その他の保険（医療保険・がん保険など）」の3つに分けることができます。ここでは、損害保険と、その他の保険についてご説明していきます。

①損害保険

損害保険とは、火災保険や自動車保険などのように、万が一のことが起こり、自分や他人に損害が発生してしまった場合に備える保険です。交通事故であれば、相手に怪我をさせてしまったり、ひどいときには死亡させてしまうこともあるでしょう。また、相手の車が壊れてしまうこともあるでしょうし、他人の家やお店を壊してしまうといった事態も考えられます。そのような事態が起こったときには、相手に対して医療費や慰謝料を払ったり、壊れた物を弁償する責任があります。また、自分自身も怪我をしたり死亡する危険がありますし、当然、自分の車が壊れることだってあります。この場合は、自分の医療費を支払ったり、自分の車を直したりする必要があるはずです。こういった場合には、いずれも相当に高額なお金が必要になることは、容易にご想像いただけると思います。したがって、損害保険は、もしものときに備える保険として、非常に重要なものです。

自動車を運転する場合には、「自賠責保険」という保険に必ず加入することになっています。しかし、自賠責保険では保険金に上限があり、相手を死亡させてしまった場合には3000万円まで、怪我をさせてしまった場合には120万円までしか受け取れません。交通事故で相手を死亡させてしまった場合には、被害者の年齢、性別、職業を問わず、支払う金額は数千万円から数億円という規模になります。仮に、1億円支払うことになった場合、自賠責保険から3000万円しか保険金が下りないとすれば、残りの7000万円は自分のお金で支払わねばなりません。みなさんは、このような大金を支払うことができるでしょうか？　多くの人は、これだけの貯金を持っていないでしょうし、もし持っていたとしても、支払ってしまえば700

0万円もの貯金がなくなるわけですから、その後の人生に大変な影響があるはずです。

生命保険や医療保険がどれくらい必要になるのかは、自分のライフプランや収入に応じて、ある程度は予測ができます。しかし、交通事故で相手にいくら払うことになるかなんてことは、計算することができません。だからこそ、必ず自分で自動車保険に加入しておくべきですし、相手や相手の物に対して支払うお金の補償（対人・対物補償）範囲は、「無制限」にしておかなければならないのです。なお、26〜29歳の自動車保険料の相場は、年間4〜10万円程度です。保険会社や保険契約の内容によって異なりますので、十分に比較して加入することをおすすめします。

ここまでお読みになって、「でも、交通事故ってそんなに起きるの？」と思った方がいるかもしれません。インターネットで「交通事故に遭う確率」を検索してみると、さまざまな試算結果が出てくるのですが、人生を80年と仮定した場合、交通事故にあう確率は、50％以上というものもあります。最近では、自動車技術の進化により交通事故は減少傾向にあります。しかし、それでも2019年の交通事故発生件数は38万1237件です（注2）。日々の生活をとても便利にしてくれる自動車が、どれだけ危険なものかがおわかりいただけるでしょう。

図13　高額医療費

所得区分	自己負担の上限額
年収約1,160万円〜の方	252,600円＋（医療費－842,000円）×1%
年収約770万〜約1,160万円の方	167,400円＋（医療費－558,000円）×1%
年収約370万〜約770万円の方	80,100円＋（医療費－267,000円）×1%
〜年収約370万円	57,600円
住民税非課税者	35,400円

②医療保険、がん保険

　やや乱暴な言い方になるかもしれませんが、保険契約の内容によっては不要なものが多いというのが私の考えです。「がんになったらどうするの？」「高額な医療費なんて払えない」と思われるかもしれませんが、では、いくら保険をかけておけばいいのでしょうか？　この答えがわかる方は、あまりいないのではないかと思います。

　日本の医療制度では、病院に行ったとしても医療費を１００％支払う必要はありません。多くの人が、国民健康保険などに加入しており、かかった医療費の３割を負担すれば済みます。風邪を引いて病院に行って３０００円を支払ったとすると、実際は１万

注２）公益財団法人交通事故分析センター
https://www.itarda.or.jp/situation_accidents

円の医療費がかかっているわけです。これが公的医療保険の仕組みです。さらに後期高齢者であれば、1〜2割の自己負担で済みます。

また、病気や怪我によっては、入院や治療が長引いて医療費の負担が大きくなることもありますが、そのような場合は「高額療養費制度」というものがあります。余りに高額な医療費がかかる場合は、図13に記載されているように、所得に応じて支払う医療費の上限額が決まっているのです。仮に年収400万円の人に医療費が月100万円かかったとしても、自己負担額は月8万7430円です。このような制度によって、実際には医療費の負担を抑えることができるのです。入院するなら個室にしたいという場合には、もちろん追加で費用がかかりますが、贅沢をしなければ、それほど高額な医療費はかからないということを、ぜひみなさんには知ってもらいたいのです。

また、医療の発展とともに、平均入院日数は短くなってきており、厚生労働省の調査（注3）によれば、退院患者の平均在院日数、つまり入院期間の平均は29・3日でした。もし、重い病気にかかって半年間入院することになり、月10万円の医療費がかかったとしても、費用の

注3）厚生労働省「平成29年（2017）患者調査」https://www.mhlw.go.jp/toukei/saikin/hw/kanja/17/dl/03.pdf

合計は60万円です。この金額であれば、地道に貯蓄をしておくことで乗り切れるのではないでしょうか。それだけの貯金を作るのが難しいという方や、貯金は作れたとしても、もしもの時が不安ということでしたら、必要な医療保険やがん保険に加入してください。ただし、十分に貯金で対応できるとお考えであれば、保険は不要という選択肢もあると思います。

なお、「先進医療」といわれる治療方法を利用する場合は、高額療養費制度の適用外となっています。たとえば、一部のがんのように治療が困難とされる病気に対して、高額療養費制度の対象外となる治療を選択できる場合があります。先進医療は、従来の治療よりも優れた点があるものの、1回の医療費がとても高額になる場合もあり、1年間に先進医療を受けた患者数は全国でも3万2984人（平成29年6月30日時点）と、日本の人口のわずか0・02％です（注4）。がんに有効とされる、「重粒子線治療」と「陽子線治療」については、治療を受けた患者数は合計で3456人であり、利用するのは非常に稀なケースといえるでしょう。

ここからは、みなさんの考え方次第ですが、わざわざ受ける確率が低い高額な治療のため

注4）厚生労働省の先進医療会議資料
https://www.mhlw.go.jp/file/05-Shingikai-12404000-Hokenkyoku-Iryouka/0000192081.pdf

に、毎月の保険料を支払うということについては、よく考えてみる必要があります。

もしものときの医療費に対して、貯蓄で備えるのか、医療保険で備えるのかは、それぞれの考え方によって選択すればよいのです。ただし、保険に加入するとしても、必要以上に特約を付けないことをおすすめします。高額療養費制度でカバーできる部分もありますので、医療保険の内容は、最小限にしておきましょう。

■ポイント

▼高額療養費制度を上手に活用すれば、医療費の負担はある程度抑えることができる。

9 その他固定費の見直し

固定費の見直しについて、最後に、車と通信費についてお話しましょう。特に、自動車を所有するかどうかについては、以前とは随分と状況が変わっているように感じます。都心部に住んでいると高い駐車場代がかかりますし、車検代や保険料、ガソリン代など維持費の負担は軽くありません。特に、東京都内については、公共交通機関で移動すれば、そう不便を感じることもありません。カーシェアリングやレンタカーというサービスもありますから、車は所有せず、必要なときだけレンタルすることで固定費は大きく節約することができます。

通信費についても、一家に一台の固定電話だけだった時代から、一人につき一台（場合によっては2台以上）、携帯電話を所有する時代となりました。いまでは、いつでもインターネットにアクセスでき、キャッシュレス決済にも活用できるスマートフォンは、生活に欠かせない存在となっています。その結果、毎月の携帯電話使用料は高くなり、高性能なスマートフォンの本体価格も高額になっています。このような通信費の削減については、2015年頃から登場した「格安SIM」を活用する方法があります。

格安SIMを提供する事業者は、MVNO（Mobile Virtual Network Operator）といわれます。自社の通信回線を持つのではなく、大手通信会社から通信回線を借りることで、消費者に通信サービスを提供しています。自社で通信網を整備するには、莫大なお金がかかります。また、各地に店舗を構え、たくさんのスタッフが働いていれば、家賃や人件費などのコストがかかります。当然、サービスを提供する側は、これらのコストを回収しないと利益が出ませんから、私たちが利用するサービス価格には、その負担が加わっているわけです。これに対し、MVNOは、独自の通信回線を持ちませんし、店舗も持たず、スタッフも最小限で運営しています。つまり、大手通信会社に比べると、運営コストが少ないわけですから、消費者にも安くサービスを提供できるわけです。

ただし、使用料が安い代わりに、デメリットもあります。高速道路と一般道路をイメージしてみてください。高速道路は通行料が必要ですが、一般道路よりもスピードを出して運転することができます。一方、一般道路は信号が多く時間帯によっては渋滞しますので、自動車自体の性能が良くても、なかなかスムーズに移動できない場合があります。実は、インターネット回線もこれと同じで、格安ＳＩＭを提供している各社は、大手通信会社から回線を借りているので、混雑状況によっては、通信速度に大きな影響を受ける場合があります。料金が安いというメリットだけに注目していると、使い勝手の悪さに後悔をしてしまう可能性がありますから、音声通話を使用する必要があるのか、データ通信だけでいいのかなど、自分の使い方によってプランを選びましょう。音声通話をあまりしない方であれば、インターネットを活用した通話のサービスもありますので、データ通信のみのプランでもいいかもしれません。インターネットで検索して、ＷＥＢページが見られればよいという人や、たくさん動画を見たいという方もいるでしょうから、住宅ローンや保険と同じように、やはりいくつかの会社を比較して、自分に合ったサービスを見つけてください。このように、「当たり前にかかるもの」と思っている費用を節約することで、長い目で見れば貯まっていくお金に差が出てくるのです。

■ ポイント

▼ 車を所有するべきかどうか、あらためて検討してみる。

▼格安ＳＩＭを利用して通信費を下げることを検討してみる。

第6章

お金の増やし方

1 お金の増やし方

ここでは、お金の増やし方をみなさんと一緒に考えていきます。もしかすると、みなさんにとって最も興味があるところかもしれません。そこで、最初にお伝えしておきたいことがあります。お金の増やし方には色々な方法がありますが、どれも必ずリスクを伴います。リスクと聞くと、「怖い」とか「不安」と感じる方もいるでしょう。しかし、これだけはご認識いただきたいのですが、世の中に「そんなにうまい話があるはずがない」のです。必ず儲かるとか、絶対に損しない、なんてことはありません。ある程度のリスクと引き換えに、お金を増やすことができるのです。ただし、お金を増やすには一か八かの賭けしかないのか、というわけでもありません。リスクをきちんと理解して、適切な方法でお金を運用していけばいいのです。本書には、リスクのことを考えず、一攫千金を狙うような方法は記載していません。お金を増やす方法をきちんと学び、リスクのこともしっかりと考えながら、将来のためにお金を増やしていきましょう。

では、みなさんに質問です。多くの日本人が、最初に触れる金融商品は何だと思いますか？答えは、「預金」です。預金というと、単に銀行にお金を預けているだけと考えている方も多いようですが、実は預金も金融商品のひとつなのです。預金とは、みなさんが銀行にお金を預け、銀行はそのお金を運用し、金利として利益を還元するという金融商品なのです。日本人は、預金が大好きな国民で、「平成28事務年度金融レポート」（注1）によると、個人金融資産に占める「現金・預金」の比率は51・1％にも上っています。どれだけ国が「貯蓄から投資へ」というスローガンを掲げて、銀行窓口で投資信託を販売できるようにしたり、これからご紹介する「少額投資非課税制度（ＮＩＳＡ）」や「個人型確定拠出年金（ｉＤｅＣｏ）」といった制度を整えても、実際に投資にチャレンジする人は少なく、とりあえず預金しておくという人が多いのが現状です。やはり投資と聞くと、どうしても身構えてしまう人が多いのでしょ

注1）平成28事務年度金融レポート
https://www.fsa.go.jp/news/29/Report2017.pdf

う。しかし、みなさんがお金を預けている金融機関の金利がどのくらいなのか、ご存知ですか？　ひと昔前、バブルの時代では、定期預金に7％もの金利がついていたので、預金していれば勝手にお金が増えるという状況でした。それがいまとなっては、ご存知のとおり国の政策としてマイナス金利が続いていますので、定期預金の金利は0・01％〜0・03％程度です。たとえ100万円を預けたとしても、5年間で1500円程度しか増えないのです。そのような状況では、預金していても「ただお金を預かってもらっているだけ」になってしまい、お金がお金を生むという効果は期待できません。

リスクについて冒頭でお伝えしましたが、私たちが認識しておかなければならないのは、「リスクを取らないことがリスクになる」時代になっているということです。リスクを恐れ、お金を増やす方法から目をそらしていては、将来への備えが足りなくなるかもしれませんし、そうなった時に困るのは自分や自分の家族です。しっかり勉強して、お金を運用することは、自らを守る力となるのです。もちろん、預金そのものを否定しているわけではありません。リスクについて何も知らずに投資するということは、何の準備もせずに地雷原に踏み込むようなものですし、よくわからない投資話に手を出すくらいなら、しっかりと貯金していた方が安全です。しかし、今の経済状況では、預金していてもお金はほとんど増えないということは、十分に理解しておく必要があります。

それでは、お金を増やすにはどうすればいいのか、その方法をいくつか紹介していきましょう。まずは、「自分で働くのではなく、お金に働いてもらう」という考え方を思い出してください。お金を使ってお金を増やすのです。自分が一生懸命に働いているときに、お金にも働いてもらって、収入を増やしていく仕組みを作っていきましょう。こういったことを投資というのです。

本書では、投資する先として、次の4つをご紹介します。

①　株式
②　投資信託
③　不動産
④　国債

それぞれ特徴がある投資先なので、お金に対する考え方や好みによって、どこに投資するかを選んでいけばいいと思います。私の場合は、「不動産」に興味を持ちましたので、いままでも不動産を中心としてお金を運用しています。やはり、興味が湧くものの方が勉強していても楽しいので、投資に関する全体像を掴んだ後には、面白そうだなとか、もう少し勉強してみたいなと思うものに投資するところからはじめると良いでしょう。

■ ポイント

▼ 自分だけでなく、お金にも働いてもらう。
▼ 「投資は怖い」という先入観をなくす。
▼ 興味が湧くものから投資してみる。

2 株式の仕組み

まずは、多くの人が「投資」と聞くとまず頭に思い浮かべる「株式」について考えていきます。そもそも株式とは、どういうものなのでしょうか。

株式の仕組みは、簡単に言えば、自分が応援したいと思う会社にお金を出して、その会社が儲かれば利益を分配してもらうというものです。株式会社とは、会社を運営するためのお金を集め、そのお金で会社を運営し、儲けが出たらお金を出してくれた人（＝株主）へ利益を分配していく、という仕組みで成り立っています。このように、会社へお金を出すことを「出資」といい、出資したことによって手に入れられるのが、「株式」なのです。お金を出しているのですから、当然、その会社には儲かってもらわなければ意味がありません。したがって、株主は、利益の分配を受ける権利だけでなく、会社の運営に対して口を出す権利を手にします。そして、株式会社では、持っている株式の数に応じて発言権の大きさが決まります。ご存知でない方もいらっしゃるかもしれませんが、実は、社長を選んだりするのも、この株主なのです。

では、出資することと、「会社にお金を貸す」ということには、違いがあるのでしょうか。会社にお金を出しているという点においては、どちらも同じです。実は、これには明確な違いがあります。お金を貸すということは、返してもらうことが前提です。会社が儲かっていても、そうでなくても、借りたお金は返してもらうことになります。しかし、出資するということは、会社が儲かれば利益の分配を受けられますが、会社に利益を分配するだけの儲けがなければ、自分の手元には何も返ってきません。最悪の場合、会社が倒産して投資したお金が水の泡と消えることもあるのです。これが、株式投資のリスクです。会社が儲かるかどうかは誰にも保証できませんから、出資したら自分が儲かるかどうかも保証されないのです。したがって、どの会社の株を買うかの見極めが、最も重要なポイントです。株式へ投資するときには、新商品の売れ行きが好調で業績が伸びそうだとか、あそこは不祥事を起こしたから業績が下がるに違いない、といった見通しを立てていく必要があるのです。近年では、誰もが知る大企業であっても、不祥事によって業績を大きく下げるといった光景をよく目にします。どの会社に投資すれば間違いないということはありませんので、どのような点に気をつける必要があるのかを、しっかりと勉強しておきましょう。

3 投資信託の仕組み

投資信託については、金融機関の店頭にポスターが貼ってあったり、パンフレットが置いてあったりして、みなさんも見かけたことがあるかもしれません。前項でお伝えしたように、株式への投資は、どこの会社に投資するのかという「目利き」が大事です。しかし、経済情勢について詳しくなり、日々変動する株式の価格（株価）をチェックしながら、どの会社が儲かりそうかを判断していくのは、仕事の片手間にできることではありません。そこで登場するのが、投資信託です。投資信託とは、投資のプロ（＝ファンドマネージャー）にお金を預け、預けたお金をファンドマネージャーが運用して、儲かったらお金を分配してもらうという仕組みです。ファンドマネージャーは、預かったお金を運用する際には、国内の株式や海外の株式、不動産など、さまざまなものに分散して投資していき、儲けとリスクのバランスを取っていきます。株式では、投資先の会社が倒産すれば、株式の価値がゼロになるというリスクを抱えることになりますが、投資信託では、分散して投資することでこのようなリスクを低くしているのです。

銀行や証券会社に行けば、実にさまざまな投資信託が販売されています。それぞれ「この投資信託は、＊＊や＊＊に投資する予定です」といった運用方針などが定められていますから、その内容を見比べて、リスクの高さや、利益が出そうかどうかを判断して購入します。ただし、実際に運用するのはプロですから、株式のように、自分自身が細かく投資先の会社についてチェックする必要はありません。金額は1万円程度からはじめていけますし、最低金額が100円に設定されているものもあります。

投資信託は、短期で大きな利益を出すために行うものではなく、リスクを分散しながら、長期でお金を増やしていく投資方法といえ、最初に取り組むには最適といえるでしょう。

4 不動産投資の仕組み

私が最初に興味を持ち、いまでも続けているのがこの不動産投資です。仕事柄、不動産に触れる機会が多かったことが興味を持ったきっかけでした。不動産といえば、自分が住むための家、いわゆるマイホームのイメージが強いかもしれません。私たちは、日頃から不動産と密接な関係にあります。賃貸住宅に住んでいる人は、毎月オーナーに家賃を支払っています。不動産投資というのは、この不動産オーナーになるということです。

不動産投資の方法は、2つあります。1つは、アパートやマンション等を購入して人に貸し、家賃をもらうことで利益を上げていく方法です。もう1つは、不動産を購入して、購入したときよりも高い価格で売却して利益を得る方法です。前者は、中長期の目線で継続的に収益を得る方法で、後者は短期で収益を上げる方法です。短期間で大きな利益を上げるということは、それだけリスクも伴いますから、中長期で家賃収入を得る方法をおすすめします。

家賃を得る不動産投資といっても、マンションやビルを一棟まるごと買って貸す方法もあれば、マンションの一室を買って人に貸す方法もあります。購入する際には、立地や築年数、木造や鉄骨といった構造など、不動産のさまざまな条件を見極めていく必要があります。

不動産投資のメリットとしては、価格の変動があまり大きくなく、比較的安定して収益を上げられることが挙げられます。また、金融機関からお金を借りて不動産を買う方法もありますから、手元にあるお金で投資する以上の利益を得ることができます。株式や投資信託と違って、不動産を「担保」に入れることができますから、銀行がお金を貸してくれるのです。担保に入れるということは、もし借りたお金を返せなくなったら、金融機関がその不動産を強制的に売って、借金を回収するという仕組みですから、金融機関としては、十分に価値が見込める不動産であれば購入資金を貸し付けることができるのです。この方法なら、投資する人の職業や資産状況にもよりますが、数千万円、場合によっては億を超えるお金を借りて投資することができます。不動産投資で成功している人たちは、一つの不動産だけで運用するのではなく、金融機関の融資を上手に使いながら徐々に所有する不動産を増やしていき、大きな利益を得ているのです。

もちろん、不動産投資にもデメリットはあります。購入した不動産を借りてくれる人がいなければ家賃が入ってこないわけですから、空室リスクがあるわけです。銀行からお金を借りて投資していれば、家賃が入ってくるかどうかに関係なく、毎月の返済はする必要がありますので、さらにリスクは高くなるといえるでしょう。第1章の事例でもご紹介したように、不動産投資で失敗することだってありますから、人に勧められるままに不動産を購入するのは危険です。不動産を販売している業者も、不動産を売って利益を得ないと成り立たないわけですから、販売するためには一生懸命に営業します。したがって、購入する側としても知識や経験を身につけ、自分の判断で購入する不動産を選ぶことが重要です。

5 国債の仕組み

債権、という言葉にはあまりなじみがないかもしれません。債務整理の説明の中で、債権者という言葉を使ってきましたが、ここでいう債権とは貸す側から見た借金のことを指します。では、国債とはなんでしょうか？　字を見ていると何となく想像できると思いますが、国へお金を貸すということなのです。国へお金を貸し付けて、満期が来ると利息をつけて返してもらうのです。国は、この国債というものを売り出して、国民からお金を借りているのです。

国債のメリットは、国へお金を貸すわけですから、株式などに比べてはるかにリスクが低く、安全性が高いということです。株式は、投資した会社が潰れればお金は戻ってきませんが、国債は、国が破たんしないかぎりはお金が返ってきます。そもそも、国が破たんするような事態になっていれば、どんなものに投資していたとしても、投資したお金がどうなるかなんて誰にもわからないわけですから、国が破たんするリスクがあるということは、国債だけのデメリットではありません。もちろん、利率の変動もありますからリスクがゼロとはいえませんが、投資先の中では最も安全性が高い部類と言えるでしょう。

第7章

投資を
実践してみよう！

1 まずは投資信託へトライ！

投資について知識を得たら、次は実践です。他の物事と同じように、知識だけでなく実践して経験を積むことが大事ですから、まずは投資するものを決めて実際にトライしてみましょう。

最初に取り組む投資としては、投資信託がおすすめです。海外の株式まで含めれば、数万社以上も投資先がある株式投資では、どの会社に投資すればいいか判断するのはなかなか難しいと思います。また、不動産投資についても、どの不動産を購入したらいいか判断するのは簡単ではありません（いずれも簡単に選べるのであれば、みんな投資して儲かっています）。したがって、投資の経験がない人にとっては、まず投資のプロであるファンドマネージャーへ投資先を選んでもらえる投資信託が、入門編として最もマッチするといえます。

また、投資信託は、投資リスクの観点からもおすすめできます。お金を増やすためには、必ずリスクが伴うということは、何度もお伝えしてきました。「ハイリスクハイリターン」といった言葉があるように、基本的には、リスクが高い方が高い利益を得られます。しかし、最初から高いリスクを取って、高い利益を狙っていくのは危険です。できるだけリスクを抑えながら、長期的に着実に運用することからはじめるべきです。そして、リスクを低くするためのキーワードは「分散」です。ある会社に全財産をつぎ込んで投資するなんてことは、明らかに危険すぎて誰もしないと思います。なるべく投資する先を分散させることは、安全性を高めながら運用するための鉄則といえます。投資信託は、まさにこのような考えに基づく商品なのです。

インターネットの普及によって、投資信託も自宅にいながら購入することができます。また、国としてもNISA、つみたてNISA、iDeCoといった税の優遇制度を用意し、国民の投資を推進していますので、これらをうまく活用しながら始めていきましょう。

投資を始める際には、最初に目標を設定することが大事です。「まずは○年間運用して、○円お金を増やそう」と設定しておくことで、自分の投資がうまくいっているのかを確認することができるからです。もちろん、お金は増えれば増えるだけ嬉しいでしょうし、うまくいっているときは、どんどん利益がほしくなるはずです。しかし、このような状態では、ついリスクを軽く見て失敗したり、予定していた金額以上の投資を行い、せっかくの貯金を失ったりすることに繋がります。「目標に向かってこつこつ確実に」この合言葉を忘れないようにしてください。

目標の決め方は色々とあるでしょうが、まずは投資額の3％を利益目標としてみてください。100万円を投資して、毎年3万円が増えるというイメージです。この金額、少ないと思いますか？ ここで思い出してください。この増えた3万円は、あなたが投資するというアクションを起こしただけで、あとは放っておいたのに増えたお金です。一生懸命に汗を流して稼いだわけではありません。お金がお金を稼いでくれたのです。

また、投資は、短期ではなく長期で考えることを忘れないでください。毎年3万円増えるのなら、10年間で30万円も増えるということです。30万円を働いて稼ごうと思ったら、なかなか大変ではないでしょうか。私たちは投資のプロではありませんので、目先の利益を追って短期で売り買いをしても、結果として損をしてしまう確率は高いでしょうし、何より投資のことが気になって自分の仕事がおろそかになってしまっては本末転倒です。投資商品ですから、価格は常に変動するものです。短期的な価格の上下に一喜一憂することなく、「目標へ向かってこつこつ確実に」の精神で臨むべきです。

ひとまず、100万円を投資した場合について考えてきましたが、実際には計画的に月々投資へ回すお金を作っていくことをおすすめします。たとえば、毎月1万円、年間で12万円を投資していったとします。これを20年間続けたとすると合計で240万円の投資です。ここで、毎年3％の利益を出していったとすると、最終的に328万3020円となり、あなたのお金は88万3020円増えることになります。ちなみに、同じように毎月1万円を0・03％の利率で貯金していた場合には、20年経っても7184円しか増えません。あなたは、どちらを選びますか？

2 NISA

投資信託を始めるにあたり、知っておくべき制度が3つあります。一つ目は「少額投資非課税制度（NISA）」です。NISAとは、株式や投資信託で儲かった分にかかる税金を、一部免除する制度です。たとえば、株式に100万円を投資して、その株式の株価が上がり110万円で売却できたとします。このとき、あなたの利益は10万円です。この10万円には、約20％の税がかかります。つまり、あなたの手元に残るお金は、10万円の利益から2万円の税を差し引いた8万円ということです。この税金について優遇する制度がNISAなのです。NISAを利用するためには、事前に申込みをして、NISA専用の口座を開設し、お金を運用していく必要があります。

NISA口座は、2014年の1月から2023年までの間、年間120万円までの投資額については、最長で5年間は税金をかけないことになっています。先ほどの例で考えると、普通に投資していれば手元に残るのは8万円でしたが、NISA口座を利用した投資であれば、10万円がそのまま自分の手元に残ります。単純な計算ですが、年間2万円の税金が5年間免除されるとすれば、あなたの手元には10万円もお金が多く残るのです。

20歳以上の方であれば、誰でも証券会社や銀行でNISA口座の開設ができます。ただし、NISA口座は、1人につき1口座までしか作れません。A銀行とB銀行でそれぞれNISA口座を作って、それぞれで非課税のメリットを受けるということはできません。

投資信託とNISA口座の併用は、「目標へ向かってこつこつ確実に」お金を増やす効果を、さらに高めてくれるのです。

3 つみたてＮＩＳＡ

ＮＩＳＡと似た制度に、つみたてＮＩＳＡというものがあります。２つの違いを図14にまとめましたので、ご覧ください。

つみたてＮＩＳＡは、年間40万円までの投資額に対して、最長20年間は課税しないという制度です。ＮＩＳＡとは投資上限額と、非課税の期間が違っています。非課税になる投資上限額は低く設定されていますが、非課税の期間が長く、少ない金額を長期間にわたってこつこつ運用していくためにある制度です。

積立投資の方法としては、「定額購入方法（ドル・コスト平均法）」や「定量購入方法」というものがあります。ドル・コスト平均法とは、毎月、一定の金額で投資商品を買っていく方法です。たとえば、月に2万円、投資信託へ投資すると決めた場合、投資信託の価格が５０００円の月は４口購入することができます。１万円に値上がりしている月は２口しか買えません。

図14　NISA・つみたてNISA・iDeCo比較表

	iDeCo	NISA	つみたてNISA
年間拠出額（年間）	14万4,000円（公務員など）～81万6,000円（自営業など）	120万円（ジュニアNISAは80万円）	40万円
積立期間（運用期間）	70歳まで（拠出期間：20歳以上60歳まで）	最長5年（ロールオーバーも可能。制度は2023年まで）	最長20年（制度は2018年から2037年まで）
税制の優遇	・拠出金：全額所得控除 ・運用益：非課税 ・受取時：退職所得控除（一時金）／公的年金等控除（年金）	・運用益：非課税	・運用益：非課税
運用商品	定期預金・投資信託・保険	上場株式・投資信託	投資信託（長期積立、分散投資に適したものになる予定）
途中の引き出し	原則60歳まで引き出し不可	いつでも可能	いつでも可能

このように、価格の変動があったとしても、毎月一定の金額分だけ長期にわたって買い続けていくのです。この方法は、長期的に見れば、価格が上下することのリスクを抑えて投資ができる方法として活用されています。こういった投資方法に、つみたてNISAを合わせて利用すれば、20年間の投資で手元に残るお金には、大きな違いが生まれるでしょう。投資にとって、投資する「期間」はとても重要です。1年間で10万円の利益を出そうとするのと、10年間で10万円の利益を出そうとするのでは、どちらの難易度が低いかすぐにおわかりいただけると思います。20年という期間で考え

れば、月に2万円の投資でも、20年間こつこつと続ければ480万円の投資額です。3%の利益を達成できれば、あなたのお金は176万6040円増えます。この利益に約20%の税がかかるとすれば、35万円強は税金として手元からなくなります。口座開設の申込みをして、つみたてNISAで運用を始めるだけで35万円以上のお金が手元に増えるとしたら……知っているのと知らないのでは、大きな違いが生まれるのです。

4 iDeCo

最後に、個人型確定拠出年金（iDeCo）についてご紹介します。これは、老後にもらえる年金を増やすための制度です。毎月、決まった金額を投資していき、運用によって利益が出れば、その金額を投資額に加えて年金として受け取るのです。

ここで、年金の仕組みについて簡単にご説明します。まず、日本には「国民年金（基礎年金）」というものがあります。日本に住んでいる20歳〜60歳未満のすべての人が加入することになっており、毎月、国民年金保険料を納め、65歳になったら年金の受け取りを開始する仕組みです。年金を受け取るためには、10年間以上の加入期間が必要です。

会社員や公務員の人は、この国民年金に加えて厚生年金に加入します。よく国民年金と厚生年金で、2階建ての年金制度といわれます。反対に、自営業者やフリーランスの方は、厚生年金への加入がありませんので、基礎年金しか受け取れません。専業主婦（夫）の方は、もし配偶者が厚生年金に加入していれば、収入の状況によってその厚生年金に一緒に加入することもできます。そして、老後に受け取る年金が、この2つだけでは不安という人のために、「確定拠出年金」という制度があるのです。わかりやすく言えば、1階に「国民年金（基礎年金）」、2階に「厚生年金」、3階に「確定拠出年金」という3階建ての年金にしてしまうイメージです。

確定拠出年金は、毎月5000円から6万8000円までの掛け金を選ぶことができます。これは貯金しているのではなく、運用するための資金として積み立てるもので、運用によって利益が出れば、その分を合わせて3階部分の年金として受け取ることができます。お金を積み立ていく方法としては、定期預金にするのか、積立型の保険に加入するか、投資信託を買うかなど、選択肢はさまざまですが、そのうちのひとつとして、このiDeCoを考えておくとよいでしょう。

iDeCoのメリットとしては、運用して得られた利益に対しては非課税になるという点が挙げられます。通常の投資であれば、利益に対して約20%の税がかけられますので、NISA、つみたてNISAの項でご説明したように、ここは非常に大きなメリットです。また、i

DeCoに積み立てた金額は、所得控除の対象となりますので、所得税や住民税も抑えられるという点も魅力的です。投資によってお金が増えるだけでなく、税が抑えられるということは、それだけ手元に残るお金が増えるわけですから、投資の効果はさらに大きくなります。

注意しておきたい点としては、60歳までの積立期間は、全く引き出すことができないことです。毎月掛け金が口座から引き落とされ、自動的にお金が積み立てられていくという点は良いのですが、いざお金が足りないという状況になっても、積み立てたお金を引き出すことはできません。

このように、投資にトライする際に「知っていればもっとお金を増やすことができる」制度がありますので、ぜひ活用してみてください。私は、さまざまな投資方法によって長期でお金を増やしていくことは、もはや誰もが取り組むべきことだと思っています。自分や家族のために、少しずつでもお金を運用していってください。ただし、何度も申し上げますが、投資にはリスクがあることを絶対に忘れないでください。そして、そのリスクを恐れないでください。「目標に向かってこつこつ確実に」という合言葉を忘れずに、長期間、分散して投資することで、リスクをある程度は抑えることができるのです。

第8章

段階的に作戦は変えていく

1　ステージごとの作戦

ここまで、「借金の解決方法」から、「お金に対する考え方」、「お金の貯め方」、「お金の使い方」、「お金の増やし方」の順にお話してきました。本書を読んでみて、まずは家計について整理しようと思った方もいるかもしれませんし、家計は管理できているからさっそく投資にトライしてみようという方もいるかもしれません。この最後の章では、それぞれが置かれている状況に応じて、どのようなアクションを始めていけばいいのか、「投資へ向けた4つのステージ」に分けて整理しておきたいと思います。

【ステージ1】

ステージ1は、借金の問題を解決する必要がある方々です。第2章でお伝えしたように、借金問題を解決する方法はたくさんあります。その中でどういった方法がいいのか、その判断には専門的な知識が必要ですから、ぜひ弁護士や司法書士といった専門家に相談してみてください。最初の相談ではお金がかからないという事務所もありますから、まずは電話やメールで連絡してみましょう。

そして、同時並行で進めて欲しいのは、家計の収支を整えることです。借金が増えてしまったということは、単純に「収入より支出が大きい」からです。収入を増やす方法も考えなくてはなりませんが、転職も簡単ではありませんので、まずは支出の見直しから始めていきます。ぜひ、本書の内容を参考にしていただき、毎月の収支がマイナスにならない生活を目指してください。

【ステージ2】

ステージ2は、月々の生活はできているが、貯蓄が計画的にできていないという方々です。本書でご紹介した、先取り貯金や財形貯蓄制度などを活用して、目標金額を決めてこつこつと取り組んでいきましょう。いまは貯金がないという方は、まずは100万円の貯金を目指します。100万円の貯金を目指すためには、やはり家計の状況をしっかり把握し、月にいくら貯金へ回すことができるのか、予備費はどれくらい確保できるのかといったことを確認していきましょう。

【ステージ3】

貯金から投資へトライするステージです。貯金が計画的にできている方は、きちんと家計のバランスが取れているはずです。次は、どうやってお金を増やしていくかを考えていきます。貯金したお金を眠らせておくのではなく、株式、投資信託、不動産、国債…さまざまな投資先から、取り組んでいくものを決めていきます。興味が湧くもの、仕事に関連していて知識を持っているものなどがあれば、その投資について勉強して、実際に投資していきます。特にそういったものがないという方は、投資信託から始めることをおすすめします。ここで注意して欲しいことがあります。投資は「自分で」勉強してから始めてください。安易に「まずは銀行に行って、おすすめの投資信託を買おう」などと考えて、自分で知識を持たずに始めてしまうのは厳禁です。なぜなら、運用するのは「自分のお金」であり、投資のリスクを背負うのも自分だからです。もし投資で損をしても、おすすめしてくれた人が責任を取ってくれるわけではありません。「知識をつけて、自分の身は自分で守ること」投資をするにあたっては、この考え方を守ってください。

【ステージ4】

「お金にお金を稼いでもらう」この仕組みを作ることができ、実際にお金を増やすことができた方々のステージです。お金を増やすことは、目的ではなく手段です。増やしたお金で何をするのかを、しっかりと考えてください。何か趣味をはじめてもいいでしょうし、お子さんの留学費用に使う、増やしたお金で起業するなんてこともあるかもしれません。お金を「自分が幸せになるために」どう活用するかを考え、実行していってください。

おわりに

本書をお読みいただき、本当にありがとうございました。

私は、奨学金を借りて大学に通っていました。毎月10万円を借りていたので、卒業した時には約480万円の借金を背負っていました。その後、司法書士の資格試験に合格し、24歳で事務所を立ち上げたのですが、いま考えれば恥ずかしいことに、当時は、損益計算書も貸借対照表も読み方がわかりませんでした。そして、実際にお金が足りなくなってしまい、カードローンでお金を借りて、高い金利を払っていた経験もあります。口座の残高が減っていくにつれて、心の余裕がなくなっていき、お金以外のことが考えられなくなっていました。本当に、あんな思いは二度としたくありません。そして、読者のみなさんにも、私と同じような経験は絶対にしてほしくありません。

当時の自分を振り返ってみても、司法書士としてお金に困っている方とお話していても、やはり思うことは「お金に関する教育」を充実させていかなければならないということです。もっとお金について、オープンに考えられる文化が必要です。「お金のことばかり言うのはみっともない」「儲かり過ぎると品がない」「お金は必死に働いて稼ぐもので、投資なんてずるい方法だ」などという、何の根拠もない価値観が定着していて、こんなにも大事なお金のことを、きちんと考えられない社会になっています。

私も、もっとお金について知っていれば、起業したときに、(少なくともお金の面では)もっとうまくやれたでしょうし、借金を背負って心をすり減らすこともなかっただろうと思っています。

このような苦い経験から、本書の企画を思いつき、みなさまの元へお届けいたしました。本書を通じて、一人でも多くの方が、より豊かな人生を送ってもらえるようになっていただければ幸いです。もちろん、お金があれば幸せになるとは思っていません。年収が高いから幸せだともかぎらないし、年収が低いから不幸ともかぎりません。あくまで、お金は幸福な人生を送るための手段の一つです。人生には、お金があることで選択肢が増える場面もあります。どの道を選べば幸福な人生が待っているのか、これはみなさんが人生を賭けて選択していくわけですから、お金でその選択肢を増やし、少しでも幸福な人生へたどりつく確率を上げていくことは、決してマイナスにはならないでしょう。

みなさんにとって、本書が、お金について考えるよいきっかけとなりますよう、心から願っています。本書を手にとっていただいたことに、重ねて御礼申し上げます。

【執筆者紹介】

島田　雄左（シマダ　ユウスケ）

1988 年生まれ。福岡県大野城市出身。

実業家・司法書士。

「士業ビジネスを通して知識格差をなくすこと」を信条とし、24 歳のときに起業。

現在では、司法書士法人、不動産会社、人材派遣会社など、複数の企業を経営し、独自の経営手法により事業を拡大させ続けている。

YouTube や Twitter でも、法律、仕事、マネーリテラシーなどさまざまな情報を配信中。著書「家族信託の教科書」は 1 万部を超える。

著者との契約により検印省略

令和２年９月１日　初版第１刷発行
令和２年９月10日　初版第２刷発行
令和２年10月10日　初版第３刷発行
令和３年１月10日　初版第４刷発行
令和３年４月10日　初版第５刷発行
令和３年７月10日　初版第６刷発行
令和３年12月10日　初版第７刷発行

人生で損しないお金の授業
―借金解決から貯金生活へ―

著　　者　島田雄左
発 行 者　大坪克行
印 刷 所　株式会社 技秀堂
製 本 所　牧製本印刷株式会社

発 行 所　東京都新宿区 下落合2丁目5番13号　株式会社 税務経理協会

郵便番号　161-0033　振替　00190-2-187408　電話（03）3953-3301（編集部）
FAX（03）3565-3391　（03）3953-3325（営業部）
URL　http://www.zeikei.co.jp/
乱丁・落丁の場合はお取替えいたします。

ISBN978－4－419－06750－2　C3034